I0477382

El eco…
De un susurro ½ silencioso.

JUAN SEBASTIÁN VALENCIA

El eco...
De un susurro ½
silencioso.

Películas en cuentos
por sus protagonistas

Juan Sebastián Valencia

Story *Film* House

©Juan Sebastián Valencia 2008-2012

Story Film House Books: El eco… de un susurro 1/2 silencioso
Published by Story Film House™
Story Film House (Bogota - Colombia)
Calle 134# 59A-81 of 607 T2. (57)3012794409 - (57)3007922013
Story Film House (Los Angeles -USA) (424)2530441

Printed in USA. / Impreso en USA
Printed and distributed in Create Space
by Story Film House.
First edition Published by Story Film House.
ISBN: 978-958-46-1529-9
www.StoryFilmHouse.com

©Copyright Juan Sebastián Valencia 2008
All rights reserved
www.JuanSebastianValencia.com

Todos los derechos reservados.
Esta publicación no puede ser reproducida, ni en todo ni en parte, ni registrada en o transmitida por un sistema de recuperación de información, en ninguna forma ni en ningún medio, sea mecánico, fotoquímico, electrónico, magnético, electroóptico, por fotocopia, internet o cualquier otro. Cualquier reproducción sin autorización del autor es sancionada por la ley. Su apoyo a la protección del derecho de autor, es valorada.

The scanning, uploading and distribution of this book via the internet or via any other means without the permission of the Author is ilegal and punishable by law.
Please purchase only authorized electronic and fisical editions, and do not participate in, or encourage electronic piracy of copyrighted materials. Your support of the autor's rights is appreciated.

A mis padres; mi mayor alegría es verlos sonreír y divertirse con cada nueva historia. Por siempre creer en mí y por soñar conmigo, los amo.

JUAN SEBASTIÁN VALENCIA

A mis amigos, familia y profesores, quienes han soportado mi ortografía y mis incoherencias, estilo, puntos y comas, palabras y escritura... también mis sueños.
¡Gracias por seguir leyendo!

PRESENTACIÓN
Juan Sebastián Valencia

YO PASTELERO
Yesid Zuluaga

CUARTA CON QUINTA
Dorín Pazcan

ELLA, LA COSTA Y EL PAPEL
Federico Jaramillo

HOMÓNIMO
Paolo Mazhari

DETECTIVE PETALA
Piteles Petala

PURGATORIO DE ASESINAS
Lupe Misericordia

VESTIDO DE NOVIA
Mónica Rivera

AHOJ
Yadira Muñoz

MINUTO TRES
Jerónimo Valbuena

PRAGA
Pablo Botero y Margarita

EPÍLOGO
Juan

PRESENTACIÓN
Juan Sebastián Valencia

Bogotá, Colombia, 2009
Mientras escribo el libro…

Todo ha cambiado desde mi primer intento de escribir historias. Hace 12 años abordé las letras con el deseo de publicar y nació mi primer libro *"Just a dream"*, 6 años después llegó *"El revés de lo derecho"* y después *"Utopía el lugar de las palabras"*. El presente, el cuarto, contiene y representa la aceptación de los tres anteriores, el reconocimiento de una escritura y un estilo, la afirmación de los personajes.

Nunca antes la escritura y las formas literarias, habían estado tan presentes en mi vida; nunca antes personajes de ficción habían sido tan reales y tomado caminos propios con sus rasgos y sus historias.

Los cuentos cortos recopilados aquí, contados por sus protagonistas, nacen para realizar películas, son componentes de mis procesos creativos; pero también son parte de una construcción colectiva de escritos que, espero, sean un libro.

Empezar a escribirlos no ha sido fácil, especialmente porque ya tengo 24 años; no soy un niño jugando a escribir. Corrijo: porque sigo siendo un niño con ganas de escribir, y al tiempo un hombre camino de la adultez, quien entre otras cosas cumplió su sueño de ser director de cine como lo soñó en la infancia. Así, este libro debe ser más concreto, mejor escrito, más elaborado; dirigido a un lector. Para vos que has decidido escuchar el susurro, el susurro de este eco.

Aquí los lectores hallarán historias cortas, personajes viscerales, amores y desamores, miedos, avaricias, deseos, promesas; aquí encontrarán pedazos de esas vidas que me siguen cautivando.

YO PASTELERO
Yesid Zuluaga

La lista de materias primas, correcta.
Las medidas, únicas y exactas.
La oportunidad, exclusiva; será solo uno el
seleccionado.
Falta el último requisito…
¡El escrito!

Continúo en el taller, primera palabra escrita. Según los datos suministrados, para cumplir los requerimientos de esta aplicación necesito 5.000 palabras. Eso equivale como a 4 hojas, 8 páginas; es el mínimo aceptado. No sé de verdad qué esperan. Si bastan las 4 hojas, o si quien resulte seleccionado también debe presumir de poeta y escribir más.

Para mí, 4 hojas son pocas si se trata de una relación de necesidades, o de una lista de postres o comidas de sal. Las hojas terminarían no siendo 4, sino tal vez lo que el jurado espera. Confieso mi confusión en este punto, de modo que lo ignoraré. Mis disculpas; será solo el lleno de un requisito, y una necesidad por mi parte de sentir que cumplí. Aquello que tocan mis manos siempre debe alcanzar la meta; cumplimiento total para satisfacer a quien se deleita con lo que ellas hacen.

Me basaré en esta primera condición y continuaré sin pensar qué sucedió con la letra anterior; me dejaré llevar por la unión de sus frases como si me atrajeran con un extraordinario aroma; intentaré escribir como si las palabras estuviesen madurando en un horno de crecimiento, para hacer explosión en su riqueza de colores y sabores. Mis disculpas al jurado; les recuerdo, ¡soy Pastelero!

En mi vida, y debo aclarar que aunque parezco de más edad de la real, sigo siendo muy joven, he tenido altos y bajos, como todas las personas, pero igual he podido conocer bastante de esta vida y de las otras. Las he podido ver, escuchar y leer, y sí, aunque solo sea pastelero, he leído lo que muchos han escrito, escritores, escritores de verdad… y son ellos con quienes más me avergonzaría si esto cayese en sus manos. Nuevas disculpas, pues de fórmulas solo conozco las de la harina o del azúcar; de escritura y lectura, mi mejor ejemplo serían los recetarios.

Puedo decir con orgullo que también he leído otras cosas; no soy insensible a las expresiones del arte que llegan a nosotros, los del común; la lectura es una pasión adorada, aunque sí prefiero leer recetarios que otra cosa. Podría recordar al escritor Bernardo Valtry y sus libros de susurros y ecos. Alguien con quien hoy no quisiera compararme; repito, sería muy riesgoso tener que someterme al juicio de alguno de esos literatos…

Continúo en la cocina; la harina está empacada, las cajas con los huevos, la cocoa, el azúcar, algunas esencias y yerbas aromáticas, están en su lugar. El delantal lavado y planchado; las prendas que llevo son nuevas, espero que no me pongan a cocinar. Por si acaso, también llevo la gramera de bolsillo y el caramelizador de mano; eso por si tengo que inventarme algo en un momento; es que a veces toca así, en eso me ha insistido Malinda, la niña millonaria que estudió conmigo y después fue a hacer especializaciones en Europa. A veces me escribe, me dice que participa en estas convocatorias muchas veces durante el año. Y no ha figurado en ninguna. Debe ser porque escribe mal… aunque el mundo sí que le ha enseñado a cocinar muy bien, si no fuera por ella, no podría hacer la crème brulée como hoy la hago.

Las demás recetas que uso, las he inventado yo, desde el Bernabé de chocolate, hasta la mallita de peras y miel, todas las recetas son mías, únicas y exactas. Es lo más preciado que alguien pueda tener como pastelero. Debe conocer lo que hace y poder improvisar cuando se necesita. Con las recetas todos somos tacaños, reservados, hasta con la del pan, el pan de cada día, la más fácil. Hasta con eso; vaya y pregunte cómo se hace, y verá qué le dirán, pero no obtendrá nunca una respuesta de verdad. Por lo menos no fórmulas precisas. Y es que un pastelero tiene que estudiar, aprender a manejar la harina, los huevos, el batido, las esencias; así solo él, únicamente él, podrá crear recetas propias.

Yo tengo las mías, las ideé, estudié, batí; lo hice por muchos años. Hoy son recetas reales, con estas trabajo hoy, con las mismas vivo. Lo siento, con la receta del limón de chocolate sí seré egoísta en extremo.

Continúo en la cocina… se torna agradable poder escribir algo más que una simple receta. Se han escrito tantas que nunca parecen suficientes; tienes el mundo a tus pies con un sabor bien logrado. Recuerdo la primera vez que hice bombones de chocolate. Yo era un niño, repito, no fue hace mucho tiempo. No tenía barba entonces y mi voz se confundía con la de mi madre; fue ella quien me enseñó este oficio, ¡los bombones de chocolate!

Los bombones de chocolate son fáciles de elaborar. Les diré su receta sin reserva alguna: chocolate, crema de leche, mantequilla, glucosa… creo que la saben todos. Se derrite todo, se monta y se lleva a la heladera durante un instante. Los vendía a buen precio y así tuve para comprarme una grabadora. Pasé el colegio entero mientras aprendía a manejar mejor el chocolate. Entendí por ejemplo que con apenas 25 gramos el bombón queda muy simple; mejor llegar a 45 y así logras uno más consistente, de sabor más amargo, evocando aquel cacao que te ponía los cachetes colorados. Sólo yo obtendría mezclas perfectas; y si nadie más las lograba, tenían que ser las mejores y además, secretas.

Con el tiempo, con una de mis fórmulas, logré sacar adelante una fábrica de bombones, hoy muy conocida en el país, pero en la que por cosas del destino ya no estoy. De esta, si me permiten, hablaré con más detalle luego.

Mi madre me ayudaba con las ventas y de a pocos aportó el dinero para poder irme a un pueblito donde enseñaban el oficio de la panadería. Allí aprendí a elaborar los panes; el francés y la focaccia entre infinidad de variedades; para ello no necesité a mi amiga Malinda. En aquel poblado del valle, cerca del río grande, aprendí mi arte; y con los conocimientos necesarios me fui a la ciudad.

Con 18 años cumplidos llegué a Baltazar, la ciudad de las panaderías. Allá podría no solo trabajar en el mejor establecimiento, sino llegar a tener el mío, propio, el más grande. Conseguí trabajo rápidamente en un local cercano a mi vivienda para no tomar transporte y así ahorrar costos. Todo ingreso iría al fondo más seguro de la ciudad: ¡mi alcancía!; esperaba un ahorro grande. Las sumas y restas trataré de conservarlas como las proporciones del limón, ¡secretas!

La panadería llevaba el nombre de su dueño; el muy astuto decidió competir con otras 5, ubicadas en las cercanías, y que llevaban también el nombre de sus propietarios. A su sitio lo llamó PANADERÍA DON SIMÓN. Pero la Panadería Don Simón tenía algo diferente a las demás; a las otras que la rodeaban.

Don simón, no solo caprichoso y poco sagaz con el uso su nombre, decidió darle un aroma especial a la cuadra de las panaderías. Sus horneadas comenzaban a trascender en olores desde las 5 a.m. Su fragancia fue el toque secreto y único que se llevó a su sepultura; fue el éxito de la Panadería Don Simón. Dos de los vecinos, los propietarios de PANADERÍA DON ALBERTO y PANADERÍA DOÑA ROSITA, comenzaron a llegar a las 4 de la mañana, intentado competir con el aroma del pan de su vecino. ¡Jamás lo lograron!, por más intentos e intentos. Don Simón podía llegar a las 6 o más tarde, si el transporte se retrasaba, y el olor de su producto era tan especial y penetrante que derrotaba a todos los demás.

En el establecimiento pude llegar al puesto de jefe panadero, el mayor en panaderías como aquellas. Era tan apreciado mi nivel laboral que doña Rosita y don Alberto el del negocio del frente, me ofrecieron trabajo con mayor salario. Todo para que les revelara la fórmula secreta. Por supuesto no acepté las ofertas, entre otras razones porque simplemente no la conocía. Ellos nunca me creyeron y, bueno, don Simón jamás quiso dármela; ¡nunca! En un frasquito pequeño como de loción, guardaba la porción exacta para agregarle a la mezcla diaria. Así era. Vertía sobre la masa el concentrado del frasco traído a diario de su casa. La fórmula la guardó hasta su muerte y aunque yo puedo casi saber cuál es, he preferido no delatar al amigo; él lo decidió así.

Don Simón me enseñó varias cosas además de hacer pan. Era un hombre ambicioso, quería hacer buenos negocios, siempre anhelaba ganar más que los otros panaderos; deseaba hacer crecer su fortuna, y para lograrlo no le bastaba con la fórmula secreta. Como caso único en la cuadra de los panaderos, quiso tener la línea de pastelería en su negocio. Era su sueño, el secreto de él y mío. Para mí era algo magnífico; una torta de chocolate sería el logro más alto a alcanzar luego de los bombones inventados en la infancia.

Con pocos conocimientos sobre el tema, don Simón consiguió un libro de pastelería. Fue el primer recetario profesional que tuve en mis manos, del cual aprendí y el que hasta hoy recuerdo. El libro enseñaba a hacer de todo, desde tortas de chocolate hasta salsas para su aplicación -la de frutos rojos fue mi favorita. Aprendimos a cernir la harina para obtener mejor contextura en las tortas, a batir primero lo sólido, después lo líquido, a llevar un huevo a punto de nieve, a reemplazar la margarina por mantequilla para que la consistencia fuera suave y esponjosa… lo aprendimos todo.

Don Simón y yo nos quedábamos hasta tarde y ambos leíamos. Cada uno anotaba en su agenda lo interesante de la lección. Escribíamos, continuábamos leyendo, y cuando el tiempo lo permitió, pusimos nuestra primera torta de una libra en el horno. Esperamos unos minutos e impacientes lo abrimos. Un aroma a chocolate salió como queriendo invadir todo el local y los de al lado; don Simón cerró la puerta del horno y continúo esperando. Pasados 40 minutos, cuando el aroma a chocolate ya era demasiado intenso, al punto que nos podría delatar en la cuadra de los panaderos, don Simón abrió de nuevo el horno y sacó la primera torta de libra de chocolate. Al principio llegamos a pensar que sería la mejor. El aroma era único, nadie en la cuadra había logrado uno semejante, ni siquiera con el croissant de chocolate. Al sacarla del todo, don Simón la puso en una tablita para que reposara. Mientras la mirábamos enfriarse, nuestra obra maestra de chocolate comenzó a hundirse en la mitad. Ocurrió tan rápido que la cara de don Simón no alcanzó a expresar desagrado. Le dio la espalda a la torta y continúo amasando el pan.

Por esa noche y muchas más, don simón comenzó a hacer torta de chocolate, y terminaba haciendo pan del más barato. Eso sí, cuando la torta se le caía mientras el la veía, don simón sacaba más masa de pan y amasaba y amasaba. Sería rabia, o la impotencia de ver su torta caer y él no poderla levantar; tanto así que sus panes comenzaron a crecer más del tamaño normal.

La verdad, yo no entendía qué les sucedía a las tortas de don Simón; parecían objetos de un conjuro, de una desgracia llegada a la mejor panadería del barrio. Brujería, podría pensarse, le estaban haciendo a don Simón; pues mientras más que se le caían las tortas, sus ansías de ser pastelero eran mayores, tan grandes, que él todas las noches intentaba serlo a escondidas.

Don Simón murió a los 70, vestido con traje blanco, limpio, impecable, como solo él sabía presentarse, en la cocina, a eso de las 10 de la noche de un 20 de septiembre. Fui el primero en encontrarlo; escuché el golpe de su cuerpo contra el piso y corrí hacia él; don Simón había muerto con una torta de libra de chocolate en sus manos, por primera vez perfectamente horneada. Lo había logrado, murió siendo todo un pastelero.

La muerte nunca me había tocado tan cerca; no solo cerraron la panadería y no pude trabajar más, no solo don Simón murió siendo un pastelero sin que nadie lo supiera, no solo se fue con su fórmula secreta del olor del pan, sino que murió y tampoco nadie se enteró.

La mañana siguiente, la panadería tenía aviso de cerrado, los primeros clientes, los de siempre, Jorge y Susana, unos jóvenes que desayunaban allí con frecuencia antes de ir a la Universidad, pasaron, vieron el letrero y pasaron a la panadería del frente. Diez minutos después fue doña Rosenda; luego de leerlo fue a la panadería de su casi tocaya doña Rosa; así todos los clientes que llegaban con ansias por el oloroso pan, se olvidaron de él, en el mismo momento en que dejó de existir para ellos.

Permanecí cerca del local los primeros dos días; veía a todos acercarse, mirar el aviso y alejarse; ninguno se atrevió a dirigirme la palabra, pero por ello no guardo rencor contra nadie. Es seguro que por más apetecible que sea cualquier pan, un cliente jamás se preocupará por saber quién es el panadero.

Las experiencias de don Simón como pastelero me dejaron muchas enseñanzas, la primera y la más clara, fue que debía dejar la torta de chocolate en el horno hasta el límite, sin abrirlo. Solo así, la torta de chocolate no se caería. Eran todas las razones en una para que él fuera pastelero. La torta no se cayó en ningún momento, ni cuando su cuerpo ya sin vida chocó contra el piso. Era el secreto obvio, sencillo, que no aparece en ningún recetario, tampoco en aquel consultado tantas veces por don Simón. Lo aprendió por haberse demorado en el baño esa noche. Fue su afán por sacar la torta del horno, el causante del infarto.

Tenía ya unos pequeños ahorros depositados en la alcancía, cuando me imaginé montar un negocio parecido al de don Simón. No pasó de ser una ilusión; el costo era mil veces superior a mis reservas. Con estas solo podría cancelar la cuota inicial de un horno de segunda y luego pagar 11 cuotas más. Llamé a mi madre y le dije que sería un pastelero; pero ella solo gritó: ¡BOMBONES DE CHOCOLATE! En ese momento mi fantástico negocio dejó de existir.

Continúo en la cocina… definitivamente el recuerdo de la torta de chocolate ha sido muy doloroso, pero a la vez grato. Han pasado solo 5 años desde que mi maestro murió, y hoy esa fórmula que tanto buscó, es de las más populares y obvias para los pasteleros, para los estudiados como Malinda mi amiga o como yo, solo que mi aprendizaje fue no en la teoría sino en la práctica. A mí se me cayeron cientos de tortas, y con estas aprendí también a hacer Muffins; después pude inventar mi mallita de miel de abejas, y gracias a don Simón, hoy la Bernabé de Chocolate será la que acompañará mi inscripción para el concurso de pastelería.

Mi Segundo trabajo fue en la Torre del Chocolate; aunque su nombre suene majestuoso, era un sitio que parecía todo, menos una torre de chocolate o lo que su nombre producía en la cabeza y en el paladar.

Los dueños de la Torre de Chocolate eran 4 miembros de una familia. El papá, un hombre no tan mayor, decidió unir su primer negocio, el de domicilios en moto, con una idea de su esposa, la señora Josefina, de hacer bombonsillos.

El señor, don Tulio, era quien repartía los pequeños domicilios de la Torre de Chocolate, consistentes en bombones ordinarios hechos por Josefina, su esposa. El éxito de la torre de chocolate por supuesto era la facilidad que tenía la gente de adquirir los bomboncitos de Josefina. Era solo tomar el teléfono y por compras mínimas de 2 bombones la gente los recibía en la puerta de su casa. Era listo don Tulio, porque salía a lo mismo comprar bombones en la tienda, que recibirlos a domicilio, y a todo el mundo, tanto el rico como el pobre, le encanta ser atendido. Así que la gente de esa cuadra prefería llamar a la torre de chocolate y pedir 2 bombones, a pasar al local y comprarlos.

Para mí, trabajar en la Torre de Chocolate fue una experiencia interesante, desde el principio hasta el final; aunque debo decir que el inicio fue más agradable que el final; definitivamente más agradable.

Después de don Simón, pasar de una panadería a una chocolatería era un gran avance; ellos por supuesto sabían la técnica de la torta de chocolate, pero su torta no era el éxito, como alguna vez pensó don Simón. Definitivamente la Torre de Chocolate se conocía por sus horribles bombones de chocolate, mi especialidad desde niño.

Pasados 3 meses de estar batiendo el mismo chocolate dulce de mesa, ordinario, con esencias económicas y batidos sencillos, comprendí que aunque el servicio a domicilio era bueno, la gente se estaba cansando del mismo sabor. Las ventas bajaban en la Torre.

Decidí entregar mi aporte; aclaro, esos tres meses no fueron como los tres iniciales donde don Simón. Cumplido el mismo lapso en mi primer empleo, yo ya era un jefe panadero; para los tres meses de ese momento, seguía siendo el auxiliar numero tres. Antes de mi puesto, venía en la lista Botinda, una niña hija de amigos de los dueños, y como primer auxiliar pastelero estaba Pablito, el hijo mayor de ellos. Dos hijos tenían en total; Pablito, y Federico de tan solo cuatro años. ¡Era obvio!, cuando tuviera 10, el niño aunque pequeño pero rodeado de chocolateros, sería el auxiliar numero tres; el heredero tomaría mi lugar, por supuesto no solo eso.

Transcurridos los tres meses, decidí visitar mi casa, gasté el dinero ahorrado a escondidas de mi madre, y adquirí algunos instrumentos especiales y materiales para hacer los mejores bombones de chocolate; mi aporte para la torre, un regalo para poderla sacar de su segura ruina, una inversión que me ayudaría a ser jefe pastelero.

Derretí el chocolate y lo mezclé durante toda la noche controlando estrictamente la temperatura para lograr los mejores bombones. Compré hierbas aromáticas y en vez de esencias decidí dar a mis bombones un toque más artesanal.

A la mañana siguiente llegué más temprano de lo normal a la Torre de Chocolate. Había empacado los bombones de una forma especial y se los entregué a doña Josefina. Ella los miró con desprecio, se llevó a la boca uno de yerbabuena. Lo saboreó por un segundo, hizo cara de desagrado y lo botó enseguida a la basura. Quedé estático; yo mismo había probado el bombón de chocolate con yerbabuena y estaba increíble, no entendía qué había pasado. Miré a doña Josefina mientras pronunciaba las palabras que llevaban su nombre y el de mi bombón; me miró y preguntó con un poco de chocolate pegado y escondido en su labio, "Yesid, ¿qué asquerosidad le echaste a este bombón de chocolate?, enséñame la formula, yo la mejoraré para ti".

Como extraída de un texto inexistente, torpe, como ella lo dijo después, mientras algo de bombón de chocolate estaba escondido en su labio, decidí compartirle la fórmula. Le dije, "Mejoré el chocolate, usé uno amargo y en vez de esencias, agregué yerbas…"

Casi de inmediato fui despedido. Lo curioso del caso es que hoy la Torre de Chocolate, es muy conocida gracias a sus bombones de chocolate, FÓRMULA SECRETA DE LA JEFE PASTELERA DOÑA JOSEFINA, con hierbas aromáticas. ¡Sí! Es el mismo imperio de chocolate de donde ustedes seguramente han probado los exquisitos bombones. Bueno, ya entenderán…

Continúo en la cocina; a pesar de mis 28 años actuales podría tener la mía propia. Decidí regresar a mi lugar. La ciudad que lleva el nombre de ese escritor único, leído y conocido por mí, la ciudad de Valtry, que podría ser tan solo un pueblo. Hoy es de nuevo mi casa, la misma casa, la casa de mi madre, y allí, su cocina…

Aquí invento un nuevo sabor para el chocolate; con esta aplicación definitivamente enviaré la Bernabé.

He oído que cuando llega una desgracia, llegan tres al mismo tiempo; a mí me pasó algo parecido… en el momento en que fui despedido, decidí correr al pequeño cuarto que tenía arrendado y donde guardaba mis utensilios de chocolatería. Volvería a hacer la fórmula exacta, y me comería todos los bombones de yerbabuena. Debía encontrar cuál era el que había salido mal y por qué.

Llegué al pequeño cuarto, y en este no quedaban más que las 4 paredes. Los ladrones la habían desocupado. Por supuesto nadie respondió por mis escasos bienes; ni muebles, enseres, ni los utensilios adquiridos con mis ahorros de años; nada quedaba. Definitivamente no tenía nada.

Llegar de nuevo al pueblo de Valtry, "como el escritor", fue lo más difícil de cuanto ocurrió. Un largo trecho debí hacerlo a pie, otro, casi arrastrándome; por último, cuando me sentía en estado de deshidratación, los policías me recogieron y me llevaron a mi casa. Por supuesto me fue impuesta una multa que debió pagar mi madre para evitar mi detención. En este país, hasta por indigente te meten preso; y lo era, era un indigente, estaba arruinado, no tenía trabajo y había perdido mi fórmula secreta, con la que compré mi primera grabadora y con la que me fui a alcanzar un sueño. El mismo sueño que ahora se trocaba en mendigo, como yo.

En Valtry sucedió algo extraño e inesperado… Lola, la vecina que creció conmigo, cerca de mi casa, del mismo colegio, un año menor que yo. Hoy era una mujer hecha y derecha, con un restaurante a la vuelta de la esquina de la casa de mi madre, restaurante que hoy se conoce bastante; primero por su dueña… "Lola es una mujer espectacular"; segundo, por los platillos de la casa, una especie de comida francesa, servida en forma minimalista con salsas en gotas decorativas y mucho sabor. Lola había logrado algo que en el pueblo de Valtry solo lo había hecho su homónimo; tenía el pueblo a sus pies.

Cuando me enteré, lo primero que hice fue visitarla, y de paso contarle un poco sobre mi pasado. Tenía un punto a mi favor, Lola creía en mi chocolate y en mi pastelería, de los cuales ya tenía noticia y su restaurante francés minimalista necesitaba algo de dulce para complementar sabores, para endulzar el pueblo que a veces parecía amargo. Pero no como el cacao que me gusta… de verdad, amargo.

El primer día de trabajo, conocí a la verdadera Lola; su exigencia hizo que notara algo nuevo en ella. No solo administraba un negocio, Lola era exitosa haciendo su labor. Sus formulas secretas hasta el día de hoy las conserva; su estricto ritual para catar, degustar y ensayar una esencia o un aroma, siempre fue admirable.

Fue lo primero que aprendí, especialmente porque se necesitaban 400 claras a punto de nieve en menos de 10 minutos, y tenían que estarlo; no solo porque ella lo decidía, sino que el restaurante, "el de lola", "Lolita", como se leía en el aviso frente de su puerta, vendía en cantidades. Todos los días llegaban conductores y pasajeros de camiones y carros en busca de los platillos del menú, y como Lola tenía alto sentido del servicio, aquello que no había, lo mandaba a preparar en segundos, de manera que los clientes nunca sintieran un retraso, ni se fueran insatisfechos. Ellos llegaban, hacían su pedido, y se les cumplía sin importar nada más, en un tiempo tan absurdamente ilógico, que hasta don Simón, con lo testarudo que era, seguro le hubiera parecido irreal y difícil de lograr.

A las dos semanas de labor noté algo aún más especial aparte de sus exigencias… Lola me dirigía miradas y sonrisas que me enmudecían; me ponía a temblar y a sudar frío. De verla, de tenerla cerca con tanta frecuencia, me di cuenta que cuando reía, se le marcaba un huequito cerca de su mejilla, y que sus ojos se hacían chiquitos cuando en verdad se divertía. La conocí bastante bien, la conocí sin que ella se diera cuenta.

En el transcurso de mi vida había conocido muchas mujeres que me hicieron sonreír; pero ninguna me había producido una sensación parecida. Recuerdo cuando me miró aquella vez,

25

y me dijo: "Los pasteles están quemados en los bordes, Yesid".

¡Y no lo estaban!, estaban azucarados… ella lo sabía; aunque yo no había tenido ni un solo error en mi trabajo, era el momento para que ella me exigiera, así fuera de mentirillas, como excusa apenas para hablarme, para mostrarme quién era, y dejar bien clara cuál era mi posición. Le respondí con tranquilidad, la miré y la besé… Ella por supuesto me dio una cachetada y me despidió del trabajo.

Luego de dos semanas sin saber de Lola, decidí un día apoderarme de la cocina; batí como lo hizo don Simón en su tiempo en busca de su receta, y no me detuve; así como él, lo hice yo. Deseaba recuperarla. Dicen que el chocolate es el ingrediente que puede enamorar. Algo dominaba mi cabeza: sus ojos. Pasadas unas horas me aparecí en su restaurante, la Bernabé estaba en mis manos; ella aunque al principio la rechazó con algo de grosería, terminó probándola; sus ojos se azucararon, se volvieron de chocolate dulce y fue ella quien ahora me besó. Así comenzamos una relación laboral y romántica con mi querida Lola, que seguro durará por bastantes años, como las recetas que hoy creamos, ¡y sí!, le confesé que la Bernabé de chocolate, está inspirada en ella, en sus ojos de chocolate.

Fue ella al final quien me ayudó a dar el primer paso para diligenciar esta aplicación. Ella se enteró por correo, investigó, me inscribió y me pasó el formulario. El ganador del concurso recibirá una beca de 5 meses en una importante escuela de París. No puedo fallarle al escribir unas cuantas letras, y aun así continúo en la cocina de mi madre, tengo el lapicero en las manos.

Con esto solo quiero expresar al lector mi gratitud, mi vergüenza por vacíos e incoherencias y mis ganas enormes de ser parte del selecto grupo que, con su apoyo, podrá aprender un poco más de esta modalidad de cocina que amamos, admiramos y respetamos: ¡la repostería francesa!

Agradecería de manera especial si este jurado de lectores y cocineros cierran los ojos al probar mi Bernabé. Déjense deleitar con las palabras que aunque sencillas fueron horneadas por primera vez, como una sola inspiración, para ser escuchadas y ojalá no juzgadas; para que deleitosamente hagan soñar. Un goce que nos quite amarguras, que nos haga olvidar los pasos equivocados, los malos momentos… por instantes. Al final no son del todo malos.

Que se recreen, que sean solo explosiones de sabor y delicias en el paladar. Que sus sensaciones nos traigan a los que se han ido para poder disfrutarlo con ellos también. Que nos permitan saludarlos, hornearles unas letras… y por qué no, ya que espero ser estudiante de pastelería… por qué no, también ser escritor, un escritor de pastelería. Como de mis libros favoritos, los recetarios.

Gracias a todos.

CUARTA CON QUINTA
Dorín Pazcan

Soy feliz siendo lo que soy.
Soy tan feliz que me burlo de la vida,
que me burlo de la muerte.
Soy tan feliz y a veces no tanto.

¡No tengo miedo!
Creo que pocas veces lo he sentido. A veces sentir que se tiene a la muerte tan cerca, tan de frente, me pone los pelos de punta, me pasa un corrientazo que hasta a veces siento me punza el corazón. Pero es solo un reflejo, un reflejo de la emoción y del temor a ese estado. Porque no es más que un estado. Seguiré siendo yo, ¡siempre! Aun cuando las hormigas hayan comido mi cuerpo, cuando todo lo que soy deje de verse así, y lo que soy se vuelva en más, en más con esa muerte. Seguiré siendo la misma, seguiré siendo yo, seguiré siendo regia, seguiré siendo rica. ¡Porque soy rica! Seguiré siendo rubia, alta, delgada, con las mejores tetas de la ciudad, seguiré moviendo mi culo frente a la cara de los policías, así a ellos se les olvidará quién soy y me dejarán seguir mi camino. ¡Siempre ha sido así!

Soy una mujer inteligente y ambiciosa; cargo con felicidad muchas muertes, odios, rabias, y mucho dinero, porque para mí todo ha sido el dinero.
Pero aquí estoy. En un cuarto de dos por dos, aunque a veces pienso que es menos, y escribo. Porque a pesar de que no soy escritora soy una mujer regia, y eso me ayuda a escribir. Y soy regia porque soy una asesina, y eso me ayuda a escribir.
Y como soy una asesina tengo mucha historia que contar, así que podría ser una escritora. ¡Una escritora regia!

Hace pocos días vinieron del periódico local. Nunca me han pedido una entrevista en mi vida. Aunque amo las cámaras, dejé mi sueño de ser una gran actriz a un lado, y me dediqué a pequeños papeles y a vivir la vida detrás de las cámaras, donde es más divertido, en la vida real.

Pero me tentó mucho la propuesta del periódico. ¡Una portada!, y es la única portada que me darán, así que mejor lo hago.

Ramiro, el viejo de la prensa que viene siempre a hacer reportajes, me dijo que era el mejor momento para darme a conocer, para salir a la luz pública. Era el momento en el que la gente debía saber la verdad, y era el momento en el que yo debería contarla. Dorín Pazcan dejaría de ser una asesina para ser una escritora. Una escritora que daría a conocer su historia, el mismo día en el que llegaría el fin de esta.

Empezaré desde el principio.

Soy Dorín, Dorín Pazcan, tengo 34 años, tengo la mejor figura jamás vista, un pelo de oro, y una boca de fresa, soy buena gente, me gusta hablar, coquetear, tener sexo y matar. Y sobre todas las cosas soy una mujer que está en la cárcel y pronto vivirá la experiencia de morir en una silla eléctrica. ¡Así es!, estoy condenada a muerte, y hasta hoy, no sé si eso es del todo malo.

Tenía yo 20 añitos, estaba lista para ser una actriz profesional, una actriz famosa. Así que me vine a esta hermosa ciudad a cumplir mi sueño; aquí no solo estudiaría actuación sino que me convertiría en una celebridad, en la celebridad más famosa y talentosa de todas.

Desde niña fui muy inquieta, estaba en todo lado, me encantaba chismosear para así sacar vivencias de otros y las ponía en mí. Digo esto, porque a mi edad era difícil llegar a experimentar semejantes cosas que vi. Pero me llené de información, de mucha información. De mucha información para una niña de ese tiempo.

Con esas herramientas vine a la ciudad, me mudé a un cuarto del mismo tamaño de esta habitación. ¡Eso sí!, tenía mucho color, a diferencia de este lugar. Aquel brillaba por su magia hecha pintura, hecha color. El lugar me

encantaba, solo me cabía un catrecito, ni
siquiera una cama. Pero como nadie sabía, no me
importaba, y aunque supieran, ¡no me importaba!
Sabía que era una mujer pobre, llegué de un
pueblo pequeño, de una familia humilde, ¡lo
sabía!, ¡lo era!

A mi mamá siempre le pareció alocada la idea de
venirme a convertir en una actriz. Pensaba que
las mujeres como ella y yo nunca podríamos ser
actrices; "estaba equivocada". Mi papá por el
contrario, decía que las actrices eran putas, y
que para ser actriz, debía ser una. "Él por su
parte tenía toda la razón". A los dos les dije
que estaban locos, que con mi belleza y talento
llegaría a donde nadie había llegado. Y así,
tomé mi única maleta, con las pocas cositas que
tenía para arreglarme el pelo, y salí. Salí
rumbo a la capital.

Esta capital, no es como todas las demás, es
llena de color, todo es ordenado, el color
varia según la calle, y las casas parecen
sacadas de un cuento de hadas. Las personas
siempre están perfumadas, caminan con una
sonrisa en su cara y visten de lo más lindo.

Pero yo... yo todavía vivía a las afueras de la
ciudad, a cinco minutos del corazón de ella si
tomas la ruta 10 que es la más rápida. Pero
siempre le decía a mis padres, "¡no se lo
imaginan, estoy viviendo en la cuarta con
quinta!". Y es que la verdad ese era mi sueño.
Vivir en la cuarta con quinta. El mejor sitio
de la ciudad. Esa calle en especial acogía a la
crème de la crème; famosos, políticos y las
mejores personas de la sociedad. ¡Era mi lugar!

La cuarta con quinta tiene a sus lados una fila
de casas, y otra de edificios de 5 a 10 pisos,
no muy altos, pero divinos.
Los colores son muy pasteles, tiene un
parquecito de lo más cuquito, y el silencio es
impresionante, el único verdadero problema que

tiene la cuadra, especialmente si eres una asesina. Pero eso a mí no me importaba.

Cuando uno salía en las mañanas, había mucha gente, la crème de la crème, perfectamente vestidos y perfumados. Las sonrisas de todos darían la paz más grande para un día laboral, me darían mi mejor día. Un día como actriz. "Es espectacular mami, estoy feliz". Pero yo sabía que pronto estaría en la cuarta con quinta y pronto sería una actriz; mejor aun, ¡una mujer feliz!

Estudiar se me hizo difícil y no fue del todo malo. No tenía dinero, lo poquito que me enviaban mis padres, se gastaba en el alquiler de la pieza y las cositas para comer. Decidí tomar el periódico y llamé a la primera agencia de modelaje que vi en los clasificados; ellos se enamoraron de mí desde que me vieron. Sabían como yo, que llegaría lejos. Así que firmé un contrato con ellos. Seguro no era la mejor agencia, pero era la primera a la que iba y de una me daban un contrato, "con las otras podría no haber corrido con tanta suerte", así que me fui a la fija y firmé. En menos de una semana ya casi era una actriz.

Todavía no me tocaba hacer mucho, pero sí me tocaba esperar mucho, y por aquí dicen que a los actores se les paga por esperar, así que yo esperaba. Cuando por ahí me veía el director, me llamaba, "sin mi nombre" y me decía "niña póngase aquí, usted camine de allá para acá en cada toma". Y eso hacía.

El pago en la agencia no era muy bueno, y lo peor, no me daba tiempo de trabajar en otra cosa. "Porque cuando grabas, sabes cuándo entras pero no cuándo sales". Y yo tenía que estar en la jugada, siempre ahí, tenía que estar preparada para cuando a mi personaje de mujer que camina de lado a lado, le dieran un parlamento.

Así fue. A las tres semanas de estar trabajando en los estudios de televisión como extra, entró uno de los productores al set, Paco, un señor muy bien plantado "y digo eso por su vestido", un hombre anciano, poco pelo, gordo y muy gracioso. Me vio y me dijo que yo estaba destinada a ser grande, me tomó de la mano y me llevó a su oficina.

Por supuesto que acepté lo que se están imaginando. Era mi mejor jugada. A los pocos días era una actriz que ya no solo pasaba de lado a lado, sino que decía, "buenas tardes"; a veces, "hasta luego"; y si el director estaba contento me ponía a contestar el teléfono dejándome decir "hola, buenas tardes" en un primer plano.

Ahí era cuando mejor me veía; creo que por eso me volví tan famosa para esa época. Igual, en esta ciudad, si sales en la televisión te reconocen de inmediato, así seas extra. Si dejas de salir, ese mismo día se olvidan de ti. Y yo había aceptado un trabajo.

Poco a poco me fui aburriendo de ser una extra con parlamento; tenía que hablar con Paco. En últimas, era él quien me había ofrecido trabajo desde el inicio.

Volví a su oficina.

Paco me recibió como siempre muy bien. Él es demasiado agradable, solo que se equivocó, y me hizo a mí equivocarme. Paco me propuso acostarme con él para un papel mayor. "¿Qué?". "no, no, no". Él, antes, solo me había ofrecido trabajo. La gente siempre es malpensada cuando uno habla de estos temas. Él antes me había ofrecido algo que acepté, ¡si!, un trabajo como extra con parlamento". Esta era la primera vez que Paco me ofrecía trabajo a cambio de sexo.

Como dijo mi papá "puta"; pero yo no era una puta. Me acerqué a Paco, su piel se veía más arrugada que antes y con cada movimiento que hacía mientras me acercaba, se veían con más intensidad esas arrugas deformadas. De pronto, me entró este olor particular a él, muy amargo; él seguía mirando de frente, y yo, con ganas y en éxtasis, olía ese asqueroso aroma. Él me miró, me sonrió y cerró los ojos, "supongo que para darme el primer beso". Yo, yo tomé el cortapapeles que él tenía cerca y corté su garganta". Lo miré directo a los ojos, no hubo gritos ni nada, él abrió sus ojos, me miró con asombro y desilusión y murió. Quedó ahí tiradito.

Yo estaba agitada, no sé si asustada. Como digo, no siempre me asusto o siento miedo. Es una sensación ajena a mi sentir. Pero sí sentía calor y un poco de ansiedad. Busqué rápidamente por su pantalón y robé el dinero que tenía. Me acerqué a su escritorio, cubrí mis manos con un pañuelo y abrí los cajones. Había mucho dinero en bolsas individuales. Seguramente los pagos del día siguiente. Sin dudarlo, lo tomé y me fui.

Corrí con suerte porque nadie sabía que yo me reuniría con Paco; en especial me asustaba su secretaria. Pero ella se había ido temprano, "eso dijo él". La verdad era que la había despachado temprano para poder estar solo, hacerme la oferta y hacerla realidad. Pero él le dijo a ella, "tómese la tarde libre Marielita, yo no voy a abrir en la tarde y no hay mucho que hacer, hoy cumple años una tía muy importante" y Marielita es demasiado buena empleada, no preguntó y se fue.
No existe tal tía importante.
Paco estaba muerto y yo tenía mucho dinero para ser mucho más que una extra con parlamento.

Al día siguiente, la noticia me asombró. Paco había sido atracado por unos hombres y en el forcejeo lo habían matado, todo para robarle el dinero que sabían, había sacado esa mañana del banco. ¡Cómo así!, ¿y mi sueldo? Fue la pregunta de todo el mundo, sin importar la muerte de Paco, yo estaba ahí, entre la gente, exigiendo mis honorarios.

Mi vida como actriz cambió, como dije antes, por lo menos no solo frente a las cámaras, decidí construir papeles también detrás de ellas. Si mi destino era acostarme para conseguir trabajo, decidía mejor hacerlo así, acostarme con ellos pero por plata, la plata en sus manos, mejor aun, por su muerte.

No se alcanzan a imaginar lo que sentía, digo, el ver a un viejo de esos tirados en el piso, suplicando por su vida, arrepintiéndose de todo lo malo que le había hecho a la gente. Y sostener el puñal "ahhh", me excito todavía de pensarlo.
¡Me encantaría sostener un puñal en este momento!

La decisión de qué hacer después del "incidente" fue fácil y sabia para ese momento. ¿Qué haría exactamente? ¡Me mudaba de inmediato a la cuarta con quinta! Pero mudarse a la cuarta con quinta no era del todo fácil, y tenía que esperar a que alguien desocupara. Lo bueno de todo era que cualquier cosa que se desocupara iba a ser de lo mejor. Es que eso es lo bueno de vivir allá, ¡no hay nada malo!. Hasta que….

El edificio Único, un edificio hermoso en la esquina de la cuarta con quinta, frente al parquecito cuquito que conté, estaba siendo vendido o arrendado. Inmediatamente llamé. "Lo tomo".
Por obvias razones no lo compré, Paco era un hombre bien plantado, pero no era rico, no tenía cómo comprar el apartamento, pero sí lo arrendé. Tenía que cometer más crímenes, era la

única forma de poder conseguir el dinero para comprarlo.

En ese momento estaba bien solamente arrendarlo, y me pasé al quinto piso.

El edificio Único solo era de cinco pisos, en el mejor sitio de la ciudad, con vista directa a la avenida principal, "la avenida de los famosos" y al parque. Unos 140 mts cuadrados cada nivel, "apenas para una mujer como yo". Una mujer de 24 años.
¿Sospechas?, ¡ninguna! Salía en la televisión, y si sales en la televisión eres rico y famoso. Yo era rica y famosa.

"Las niñas bonitas no salen con los niños bonitos" y esa era la mejor excusa, no solo mía sino de todas. En el edificio vivían 4 mujeres más, eran 5 mujeres en uno de los mejores edificios de la cuarta con quinta. Este tenía por fortuna una vista como los otros no la tenían, y por eso era el "Único". Además era rosado, ¡a mí me encantaba! porque eran cinco mujeres, todas muy locas, no sé todavía si más o igual que yo, en un edificio único y rosado de la ciudad.

Etelva, Luzdre, Gilena, Sofir y yo Dorín.

La primera, era dizque abogada, vivía en el 101; en la vida real era una proxeneta que vendía drogas en los barrios bajos. Pero Etelva sí estudió la carrera de derecho, y eso era para poderse sacar siempre de la cárcel.
La segunda era profesora, y eso sí nunca lo puse en duda, Luzdre dedicaba la mayor parte de su tiempo vendiéndose por cámara Web. Exhibiéndose, "!como una vulgar!", su página era exclusiva para adolescentes, y pues ellos se morían al ver a esta profesora enseñarles sus fantasías sexuales.

Gilena, del 301, era sicóloga, bueno ella sí
que de verdad era sicóloga y nada más, pero eso
ya es un delito por sí solo.
Sofir era…. Sofir también era una asesina como
yo.
Conocer a Sofir fue de las mejores cosas que me
pasaron, fue en poco tiempo que nos revelamos
la verdad y desde ese momento ella decidió
ayudarme.
Sofir era la líder de un grupo de niñas que se
hacían llamar las "monas", y es que yo encajaba
perfectamente. Así que entré a ser parte de las
monas. Era la décima. Un número perfecto de
mujeres regias como nosotras, que paseábamos
por la ciudad pasándola rico, levantándonos
manes y ganando dinero.

Como dije antes, las niñas bonitas no salen con
niños bonitos, y a eso me refiero a niños
ricos, y como no existen niños ricos y bonitos,
debo aplicar muy bien el dicho "niños bonitos",
por eso es que tocaba con viejos.

Pero era mejor, no nos daba tan duro matarlos.
Claro, a veces tocaba el rico-bonito, porque
para toda regla hay una excepción.
Las monas, cometimos muchos delitos, pero
también ganamos mucho dinero.

En el edificio no había problema con nada, ya
que todas eran otra cosa a lo que decían;
ninguna se metía con ninguna.
Para ese momento tenía 26 años, mis apariciones
en la televisión eran muy pocas, pero ya me
había dado a conocer, y por lo menos en
sociales aparecía. Digo eso, solo para
justificar mi plata y la compra de mi
apartamento. Por que ¡si!,… lo compré.
Después de mucho trabajo como asesina, decidí
comprar mi apartamento, el 501. Era cuquísimo,
tenía la mejor vista de los cinco apartamentos
y la mejor decoración. Porque sabía de dónde
venía, y no era precisamente de una ciudad, era
pueblerina, pero con el gusto de una reina. El
501 era un palacio. ¡Mi palacio!

Federico era el joven más apuesto de la ciudad; no solo era un excelente policía reconocido entre la gente, sino que sus actos lo habían hecho un hombre famoso. y era de las pocas personas que no salía en la televisión y era famoso. Era divino. ¡Pobre!

Yo frecuentaba muchos cocteles, a veces como actriz, a veces como asesina.
Ahí fue cuando conocí a Federico. Él estaba como hombre famoso y como policía, porque su trabajo no lo dejaba a un lado. "¿Y tú no tomas licor?", fueron sus primeras palabras, muy cerca de mi oído y a mis espaldas; me pasó un temblorcito muy raro. "¡las mujeres como yo no tomamos licor!", le respondí segura, y me di vuelta. Ahí lo vi, su nariz respingada alcanzaba la mía, y tan cerca pero tan lejos, le sonreí y me alejé de él. Aunque solo por un momento.

Federico durmió en mi cama más de una noche, a veces prefiero decir una, pero fue más de una; muchas más.
Él nunca sospechó nada, por lo menos en ese momento, siempre me contaba de "las monas".
Tenía que encontrarlas.

Y déjenme les cuento de Federico. Federico, era un hombre de 30 años, demasiado apuesto para ser policía; no había caso que perdiera. Lo que se proponía lo hacía, y había hecho tanto por la ciudad que no solo era conocido, sino muy rico. ¡Grave problema!

Pasadas muchas caricias debajo de las sabanas, un día me miró diferente, ¿Quieres ser mi novia?...
No lo dudé.
…¡Si!

Y tuvimos una excelente relación durante un año; era el mejor sexo de mi tiempo, y eso que ya había probado bastante. Federico era perfecto. A veces me sentía un poco mal cuando llegaba a mi apartamento, comíamos y mientras eso, me hablaba de lo cerca que estaba de coger a las monas. Lo peor es que por más bueno que fuera, Federico nunca las atraparía, él siempre me contaba sus planes antes de que los hiciera. Y su mayor anhelo estaba frente a él, por supuesto ahuyentándolo de sus planes con cada acercamiento.

Todavía no sé si de verdad amé a Federico; nunca se lo dije. Una mujer regia como yo nunca dice semejantes barbaridades. Siempre me encargué de demostrárselo. Él sí me lo decía, me lo decía a cada rato. Me imagino que le debía incomodar el hecho de que nunca se lo dijera, pero él lo sabía. No hacía falta que se lo dijera.

Para Sofir, el tener a Federico cerca era algo bueno y demasiado malo. Pero lo bueno la dejaba tranquila de vez en vez. Con eso me refiero a que la policía estaba de nuestro lado… Bueno, de cierto modo…. Discúlpenme si me río.

Con la ayuda de Federico pude tener acceso a mucha información. No tenía que ir ya a los cocteles como una actriz, eso lo dejé a un lado, por supuesto. Y me volví la mujer de un policía y una asesina.

Los asesinatos comenzaron a volverse cercanos para Federico, ya que las personas a las que mataban las Monas eran personas que él conocía. Y eso se debía a que yo los escogía en los cocteles. Así que Federico comenzó a hacerse cargo de los casos, y ahí las cosas se volvieron más difíciles.
Decidí entonces alejarme por completo de él.
Pero Federico no quería alejarse de mí.

Federico comenzó a citar a Gilen, la sicóloga del 301, ella siempre era demasiado muy buena gente y quería ayudar a todo el mundo. Tanto, que resultaba incómodo de vez en cuando. Matarla no fue algo que pensé de un momento a otro.

Desde que la conocí me daba todas las razones para hacerlo. Un ser como esos, tan bueno, andando por el mundo, no debería vivir. Era más un favor que un mal, de pronto así tan buena gente se iría al cielo y le iría mejor.

Gilen se enamoró en pocos días de Federico; él iba a su casa para que ella lo asesorara. Era perfecto para él, ya que ella con frecuencia atendía a sus pacientes en su apartamento. Así que Federico iba allá, a él le servía contarle todo a Gilen; además, el hecho de poder tenerme cerca, era importante para él.

Gilen subió una vez a mi apartamento a decirme que estaba enamorada de él. "Lo siento Dorín, se me escapó ese beso.". Le di un puño tan fuerte en su cara que cayó al piso, golpeando su cabeza con el filo de la puerta.
Matar a Gilen, fue lo más estúpido que pude haber hecho, ella era amiga de todas las del edificio y era muy complicado armar una coartada. Matar a una mujer no es lo mismo que matar a un hombre.

La pobre Gilen tuvo que permanecer muerta en mi apartamento por unas tres semanas. Durante ese tiempo, Etelva estaba apoyando a su familia con el caso y con frecuencia venían a interrogar. Con ayuda de las Monas pude tener el cuerpo en el apartamento sin causar ningún olor extraño, pero el cuerpo debía salir pronto y desaparecer por siempre. Porque así darían a Gilen por desaparecida.

Creo que todos ya leyeron el periódico y se enteraron de la mujer que fue encontrada en pedacitos cerca al río. Lo siento por ella. Pero según una buena fuente, sal y café en pedazos pequeños de carne impedirían un olor

fuerte y delatador. Así que piqué con paciencia el cuerpo de Gilen, día a día bañaba los pedazos de carne en sal y café, y cuando pudimos, la sacamos en bolsitas y la tiramos al río.
De pronto, la cuarta con quinta dejó de ser como era. Había sucedido algo espantoso jamás visto por los ciudadanos y habitantes de la cuarta, un suceso que carecía de sospechoso.

Pasaron seis meses, y todo decayó. Los colores se pintaron de soledad y de rabia. La cuarta con quinta dejó de ser como era.
Federico comenzó a decaer en el trabajo, no entendía qué era lo que había pasado. Él, el mejor policía, había fracasado en algo que le había pasado por la narices, su cuadra mas cercana había caído. Él ya no era el mismo policía ni el mismo hombre, su corazón también había fracasado.

Federico no dejaba de llamarme, y mi comportamiento comenzó a volverse más extraño para él. Él sí me amaba, y pensaba que yo estaba en otra cosa, o saliendo con otro. Quiso ayudarme, me investigó.
¡La cagó!

Federico fue apuñalado por Sofir frente a mí, en la puerta de mi apartamento. Luzdre la del 201 lo vio todo.
Cuando Federico cayó al piso me alcanzó a decir algo con su mirada, no sé si de odio o de rabia o de pronto amor, "tocará esperar para eso". En el momento en que cerró los ojos llegó la policía.

La época de las Monas había acabado.

Y así fue que terminé en estas 4 paredes "de dos por dos", que es ahora lo que más tengo.
Pronto tendré unas silla eléctrica.
Creo que nadie tiene una de esas.
¡Sigo siendo regia!

Lo que más me entristece, es que mi familia nunca superó el trauma, y uno a uno mis familiares fueron muriendo. Algunos de enfermedad, otros de tristeza y otros se suicidaron. En el pueblo se comenzó a rumorar que éramos una plaga, gente mala. Dizque brujos.

Pero pensándolo bien, tampoco es que me dieran muchas ganas de verlos, en especial a mis padres. Mi papá siempre siguió pensando igual, y puta no fui. Pero al enterarse de que era una asesina, murió de un ataque fulminante al corazón, y mi mamá… mi mamá se equivocó pensando que mujeres como ella y yo no podríamos ser actrices, continúa viviendo equivocada. Pobre de ella, no quiso venir a despedirme, y la entiendo. Fui su única hija.

Hoy las Monas están juzgadas por homicidio.

Sofir ya pasó por la silla.
"¡Qué afortunada!"

Por ahí dicen que el encargado de bajar la palanca es Federico.
Me alegra mucho que Federico no se haya muerto.
"¡Qué bueno!"

ELLA, LA COSTA
Y EL PAPEL
Federico Jaramillo

Es difícil recordar con exactitud.
Unir todas las emociones y volverlas a sentir.

Pero cuando de verdad te enfocas,
cuando de verdad lo sientes,
lo puedes llegar a ver.

De pronto el recuerdo se vuelve imagen.
Una necesidad tan básica que cuando la
entiendes, comienzas a unirla con todas…
Y tu necesidad de recordar se convierte en
pintura.

La pintura es para mí como para otros la escritura... Me considero un artista de verdad, empírico y académico, pero toda esta experiencia solo se resume en buenos trazos, en mezclas de colores, en sombras y contrastes... Tengo 22 años, y entre otras tengo bien clara una idea: cuando pinto me siento libre, me siento en paz, siento que la vida me da su segunda oportunidad, en esta ocasión con el color y el papel.

En una de mis visitas a Cartagena, esas que concluyen en un viaje, y que dan inicio otro... Otro que me permite el rencuentro con mi madre, vivir la soledad para aburrirme de ella y después volverla a extrañar…

Allí vi algo muy llamativo, ¡un barco!... Pero no un barco cualquiera; en la costa hay tantos… es difícil que sean una atracción... Pero este lo era, sus colores, la luz que reflejaba, el cielo despejado que lo acompañaba transformado en azul cristalino, y ahí, flotando como si fuera de papel, estaba el barco... Y de este decidí llevarme un recuerdo; con mi pintura lo escribí.

CAMIL
Es grande, ¿no?

Sentada a mi lado estaba ella. Silente, paciente, sonriente, inquieta, y a pesar de que fuera su hogar, el poema hecho nave, era una atracción también para ella.

FEDERICO
Grandísimo

CAMIL
¿Y tú, pintas?

FEDERICO
Si, de vez en vez.

CAMIL
¿Me muestras un poco?

FEDERICO
Son solo dibujos en carbón, no son mayor cosa.

CAMIL
¿Y vives de esto?

FEDERICO
Vivo de otras cosas también

CAMIL
Ah, ¿si?, ¿como de qué?

FEDERICO
Pues, no sé… del barco que tengo al frente, de
mis papeles, de mi mochila…
De la gente que compra mis obras.

CAMIL
Es un placer para mí poder conocer a un artista
con tanta trayectoria y tan joven… nunca había
conocido a uno antes.

Ella sonrió.

CAMIL
Soy Camil, mucho gusto.

Y sin esperar mi respuesta, sin esperar que le
correspondiera con las letras que formarían mi
recuerdo en su memoria, ella comenzó a hablar
como si sintiera que siempre estuve a su lado.
El papel quedó en un segundo plano, en el
primero su boca en suave movimiento, rozando
hilos de su pelo que bailaban con la brisa.

CAMIL
¡Corre!

Y ella corrió, y yo.... yo corrí tras ella.

FEDERICO
¿Qué fue eso?

CAMIL
Mi padre, no le des importancia, siempre le
pasa lo mismo cuando llegamos a Colombia.
Es su país y es el mío, pero llevamos tanto
tiempo viajando juntos que le da pánico la idea
de no verme o no tenerme cerca.

Habíamos entrado al pueblo... Fueron unos pasos
largos y rápidos que nos alejaron de la costa y
nos adentraron en la vida.
Los pueblos costeros son únicos, y ese nunca lo
había pintado... Solo podía vivirlo en el
momento.

FEDERICO
¿Tú vives en el barco?

CAMIL
Sí, con mi padre… Y unos tíos, tías, amigos y
cercanos de la familia.

FEDERICO
Debe ser fabuloso tener la familia ahí, con uno
todo el día.

Pero para su sonrisa, no hubo una palabra que
confirmara su afirmación.

CAMIL
Yo lo amo, pero a veces necesito de este tiempo
para estar conmigo… con otro como yo, que no
sean los del barco.

¡Ahí lo recordé!...

FEDERICO
Mucho gusto, soy Federico.

Pintar las olas del mar es de lo más difícil
para un artista, se pueden reproducir
exactamente iguales, casi pensando en sus
moléculas, pero serán imposibles de retratar...
Su sonido, sus colores, su textura.
La imagen de Camil caminando sobre la arena.

FEDERICO
Mi mamá viaja igual que yo, pero ella a diferencia mía sí es una artista con gran trayectoria.
Su voz es espectacular, y viaja por el mundo entero hace más de 15 años.

CAMIL
Eso sí que es interesante, no sé… una vida llena de sorpresas, de no saber a dónde ir… de búsquedas infinitas.

FEDERICO
Lo es, pero también te hace falta un poco de lo otro. Ahora mismo viajo a Perú para encontrarme con ella.

CAMIL
¿En serio?, ¿hace cuánto no la vez?

FEDERICO
Dos años.

CAMIL
¿Y tú estabas aquí en Colombia durante esos dos años?

FEDERICO
No. Nos separamos para recomenzar el viaje en México, y de ahí ella se fue a Panamá. Yo decidí comenzar en San Andrés, así que cada uno tomó sus cosas y prometimos vernos en dos años en Perú.

CAMIL
¡Una aventura!

FEDERICO
Sí, algo así.

Era ya medio día, habíamos caminado sin parar.
Sus palabras jugaban con las mías.
El sol era único en esos momentos, fijaba con más brillo los colores; con tal intensidad que

47

las casas parecían reflejos en el desierto…
Ella parecía una alucinación.

CAMIL
Vivimos de la pesca, siempre ha sido así, los
padres de mi padre y sus antepasados fueron
pescadores, es una tradición que no se perderá.

FEDERICO
¿Y te hace feliz esa idea?

CAMIL
Creo que sí, no conozco otra vida, no sé si me
atrevería a hacer algo diferente.

FEDERICO
Amas la libertad pero le tienes miedo.

CAMIL
No, yo no lo veo de esa manera.
Mi libertad es otra, es todo.
Y soy feliz con ella.
Créeme, mujeres con mi estilo de vida hay
pocas.
¿O, cuantas pescadoras conoces tú?

FEDERICO
Bueno, tu primer pintor, mi primera pescadora.

Y sonrió... Otra pintura difícil de lograr.

La mujer que conociera mi pincel era la misma a
quien entregaría mi corazón. Nunca antes había
estado conectado con otro ser, más que en la
lejanía. Y solo era cuestión de horas.

FEDERICO
¡Claro!... cómo no te iba a gustar un perro
caliente.

CAMIL
¿A qué te refieres?

FEDERICO
A que yo te iba a invitar a comer pescado.

CAMIL
Esto es lo más delicioso que he comido en mi vida.

La miré, ella lo devoraba.

CAMIL
¡En serio!
He comido pescados en todas las formas; fritos, en salsa, con frutas, con trago, simples, de todo… pero esto, ¡JAMÁS!

La pescadora de vestido blanco caminaba… el perro caliente en una mano, con la otra tomó la mía... Nuestro camino era incierto

FEDERICO
Mi mamá siempre dice que el amor es una atadura.

CAMIL
Qué raro que tu mamá, tal como la pintas, diga algo así.

FEDERICO
Sí, es cierto; pero desde que mi papá la dejó, ella decidió comenzar esta vida de viajes, y quiso creer eso, quizá para no volverse a enamorar.

CAMIL
¿Y tú, cómo ves eso ahora?

FEDERICO
Es difícil hablar de algo que uno siente y pinta, sin vivirlo.
El amor según lo he podido experimentar, si se pudiera decir así, ha sido una necesidad de mí conmigo mismo; por redundante que suene, es así, de mí con mi arte.

CAMIL
¿Y?

FEDERICO
No sé, dime tú.

CAMIL
Creo que el amor es lo más hermoso que existe,
te hace vibrar, te pone los pelos de punta, te
hace soñar, te hace ver la noche diferente y te
hace esperarla con ansias. ¡La noche, por
dios!, que cuando no es así, parece
escalofriante

FEDERICO
¿Le tienes miedo a la noche?

CAMIL
Solo cuando no estoy enamorada

FEDERICO
Me imagino.

CAMIL
No te imagines nada, es solo lo que he leído de
él, del amor. Pero si leyéndolo una se siente
así, imagínatelo en la vida real.

FEDERICO
No es tan chévere como cuando lo lees.

CAMIL
Cortázar no estaría de acuerdo

FEDERICO
Es en serio, es la necesidad del hombre a
aferrarse a muchas cosas, a una persona; y
cuando por fin tienes a alguien, te das cuenta
que debes dejarla ir.

CAMIL
A veces se queda para siempre

No pude responder a sus palabras. Sus ojos se
abrían con fuerza con cada cosa que decía; sin

pensarlo, se despojó del vestido y corrió hacia el mar, el lugar al que esta pescadora pertenecía.

CAMIL
¡Vamos Federico!...

El atardecer era majestuoso, lo repito, tal vez solo había visto uno así en mi viaje a París. Ella, la playa, se iluminaban intensamente con aquel amarillo que se tornaba poco a poco en rojo llameante. Ella pensaba, yo la sentía.

CAMIL
Y después de Perú, ¿qué vas a hacer con tu mamá?

FEDERICO
No sé, no he hablado con ella hace dos años; supongo que saldremos a comer y luego acordaremos dónde volvernos a encontrar.

CAMIL
¿Y tú?

FEDERICO
Volveré a tomar mis maletas y viajaré de nuevo hasta encontrarme con ella para otra comida más.

Las manos de ella se unían a las mías por segunda vez, esta por iniciativa mía. Caminamos de regreso al barco, donde ella continuaría su viaje.

FEDERICO
¿Qué pasó?

CAMIL
El barco zarpa en dos horas.

FEDERICO
¿Y tu papá?

CAMIL
Casi me mata

Sin pensarlo, frente al mar, al majestuoso horizonte que nos había unido, tomó mi mano, me miró a los ojos y sonrió.

CAMIL
¿A dónde vamos?

A continuación la noche, las estrellas, la luna y aquello que alcanzaba a iluminar; y a pesar de que no se veía casi nada, yo la veía a ella, y ella a mí, y el clinón sucedió, como lo diría su pintor en su *Rayuela*: "Mientras yo le amalaba el noema, a ella se le agolpaba el clémiso. ¡Evohé!, Evohé!"

Camil y yo bailamos hasta que la luna marcó las 2 horas. Durante el regreso, ella y la playa se veían tristes.

CAMIL
Es diferente la sensación.

FEDERICO
¿Cuál?

CAMIL
La del amor en las noches, hoy es diferente.

FEDERICO
¿Cuál es tu pintor favorito?

CAMIL
Cortázar.

FEDERICO
Cortázar es un escritor.

CAMIL
En tu vida; tu pintura es como para mí la lectura. Pero amo a Dalí, si es lo que te interesa saber.

FEDERICO
¿Te han dicho que eres rara?

CAMIL
¡Jamás!

FEDERICO
Pues déjame decirte que lo eres, pero hablando como tú, en lo raro encuentras lo fascinante, la sorpresa. La gran sorpresa.

Y tan segura como siempre se mostró, la niña del barco, aquella que vive de la pesca, la misma que había sido mía con palabras de Cortázar, se acercó y me besó.

FEDERICO
Me imagino que es tu despedida

CAMIL
Lo es, pero no es la última.
Creo que es hora de irme. ¿Me acompañas?

No había mucho que decir en ese momento, y no hubo otra vez para tomarnos las manos en el regreso... Ella y yo lo sabíamos.

FEDERICO
Gracias por todo

Y me abrazó.

CAMIL
No es una despedida.

FEDERICO
Lo sé.

CAMIL
En el próximo muelle, algún día volveremos a coincidir. Tú, mi pintor; yo, tu pescadora. Prométeme que estarás.

FEDERICO
Todo lo vivido hace parte de tu vida, lo será
por siempre. Aun cuando decidas no volverlo a
ver.

CAMIL
¿A qué te refieres?

FEDERICO
Espero que me recuerdes, Camil.

CAMIL
Te aseguro que siempre lo haré.

Y en el abrazo ella susurró...

CAMIL
A veces las personas se quedan para siempre.

FEDERICO
Lo sé.

Abordó al barco, su cabello se movía con
fuerza, libre el rostro, reflejando su anhelo
por un día más.
Así la pescadora se fue y con ella los momentos
que no he podido hasta ahora pintar.
La vi hasta que se desvaneció en la distancia;
ella tampoco dejó de mirarme…

Han pasado 4 años; volver a Colombia es ahora
el recuerdo de ella... Su barco nunca regresó,
Camil no volvió a mi vida; su imagen era ahora
un espejismo en la playa y me hacía recordarla.

A veces, si unes bien los recuerdos, terminas
pintado.
Terminas siendo la realidad que decides vivir,
la única que puedes.
Y con el paso del tiempo, con o sin espejismos,
nunca la olvidas.
De pronto tu pintura se vuelve escritura.
Y de vez en vez, los recuerdos se vuelven vida;
terminan siendo más que papel.

Muy pocas veces los recuerdos vueltos papel, se tornan en realidad de nuevo y decides volver a pintarlos.

Todo se vuelve realidad, el espejismo, la costa, el barco, ¡ella!

Miré por la ventana... ¡lo vi! ¡El barco de Camil!

HOMÓNIMO
Paolo Mazhari

Mi papá, siempre me dijo que podía ser otro.
El que yo quisiera.
El que yo me inventara.
Tenía toda la razón…

Mi padre... era un hombre que se decía afortunado, ambicioso como todos los Colombianos, pero él no era Colombiano.

Mi padre, Francesco Mazhari, era italiano. Sus padres procedían de dos partes distintas de Europa y fueron ellos quienes decidieron educarlo bajo creencias italianas, "¡fuertes creencias Italianas!". Como la mayoría de italianos, sentía una atracción intensa hacia el dinero, su ambición sobrepasaba los límites de lo alcanzable; así eran todos los sueños y metas de mi papá. A sus 20 años decidió venirse en barco hacia Colombia; creyó que era la mejor alternativa para su vida, para su dinero y para su nueva profesión. Así que llegó a este país iniciando los años 80. Aquí conoció a mi madre, Leonor Castillo, una mujer humilde, pero tan hermosa como las mejores modelos de Europa. A sus 25 años se fueron a vivir juntos y a los 30 ella murió mientras me tuvo a mí.

De la infancia con mi papá tengo pocos recuerdos; la mayoría son de él llegando a la casa con bolsas de dinero y joyas, otros de él mismo entrando con mujeres diferentes en cada ocasión, ninguna de ellas conocida por mí. Pero el más vivo recuerdo fue a mis 10 años, cuando la policía allanó la casa, y se llevó preso a mi papá. Para ese momento nadie podía darme una ayuda, y el gobierno decidió que crecería en un orfanato hasta que cumpliera 18 años.

De mi vida en el orfanato tengo los mejores recuerdos como también los mejores amigos. Pero no fue fácil al principio adaptarme a una vida sin familia y tan joven aprender responsabilidades, respetar las reglas y sobre todas las cosas "soñar en lo que nos íbamos a convertir cuando fuéramos grandes". Por obvias razones, nuestra educación siempre fue enfocada hacia los buenos principios; hacia el no robar, el no maltratar, ser una persona correcta, que se ganara el dinero como lo hacían las personas honradas de este país, Colombia; y al fin y al cabo, yo era Colombiano.

En el orfanato conocí a Miguel, un niño de 11 años. Un año mayor que yo. La primera vez que lo vi, por alguna razón, su presencia me dio mucha seguridad, y desde ese día él y yo nos volvimos inseparables.

En el orfanato había mucho y poco que hacer, mucho porque siempre teníamos actividades y clases a las que era obligatorio acudir. Poco, porque sentíamos que había mucho más para hacer. De Miguel aprendí que uno puede crecer sin una familia. Él por su parte, había sido abandonado desde el día en que nació y desde ese entonces vivía en el orfanato; había sido adoptado 2 veces, pero siempre terminaban llevándolo de vuelta, y la verdad… es que en el fondo Miguel era un niño malvado disfrazado de niño bueno.

La historia y la sociología muy básica eran en aquel momento temas de atracción para mí; un niño de 15 años dedicado a la lectura. Miguel por su parte, ya de 16, estudiaba mucho los números y las matemáticas, le encantaba lo que los profesores llamaban "administración de empresas". Un año después Miguel se preparaba para su primer año fuera del orfanato; ya tenía 17, seguía estando bajo la custodia del Bienestar Familiar. A esa edad, si eres disciplinado, puedes salir y trabajar en el mundo real, duermes afuera y solo una vez al mes te reportas en el orfanato. A los 18 años sales por completo. Miguel salía en un año y sabía perfectamente lo que quería hacer.

Despedir a Miguel fue duro, pero teníamos claro que en un año salía yo, y que nos reencontraríamos para realizar muchos proyectos que teníamos pensados. En el año en el que Miguel estuvo fuera, me concentré mucho en leer. Leía todo, desde cuentos hasta filosofía, claro, solo lo que tenía el orfanato en la biblioteca, que no era mucho. Pero allí pude leer obras de grandes escritores, y me introduje en sus historias… Historias para hacerlas realidad más adelante.

Al año siguiente salí del orfanato; 7 años anteriores durante los cuales no salía a la ciudad, no veía carros ni personas diferentes a las habituales. Esta vez estaba libre, estaba listo para comenzar lo soñado. Lo primero que hice al salir fue conseguir trabajo; Miguel tenía preparada una entrevista con don José, el dueño de una constructora donde él había trabajado. Don José era un hombre apasionado por su trabajo, no sabía hacer nada más, y lo que hacía, lo hacía bien. Respetaba los buenos trabajadores, cumplía sus pagos, y odiaba a los italianos. Pero con la ayuda de Miguel, de su excelente recomendación, pude entrar como un obrero raso que cargaba ladrillos, bultos de cemento y, si el día era bueno, armaba una pared.

Las construcciones de don José eran de gran nivel, edificios como nunca había imaginado. Hubo algo que tampoco antes había visto… Isabel. Una niña de 16 años, la morena más hermosa que mis ojos habían mirado. Ella vendía avenas y empanadas a la salida de la constructora. Isabel era prácticamente la primera mujer que yo veía en mi vida, "aparte de las gordas del orfanato", la más bonita. Al principio fue difícil tratarla, primero porque no sabía cómo se llamaba, y segundo porque nunca tenía dinero para comprarle una avenita.

De Isabel y de mí puedo decir que nos enamoramos desde nuestro primer encuentro; era el amor más inocente de todos. Muchas veces nos íbamos a un parque y nos sentábamos a observar a las personas, nos atraían las diferentes personalidades, sus actividades, sus comportamientos, y soñábamos sin frenos cuando veíamos algo parecido a lo que queríamos que fuera nuestra realidad. Soñábamos en casarnos y en irnos a vivir al parque….

"Como digo, un amor realmente inocente".

Pero nuestra relación duró mucho más, e Isabel y yo cumplimos 7 años de novios. Ella era ahora una niña que se había vuelto mujer y por la cual podía dar todo lo que tenía y más. Mis sueños ahora eran cumplir los suyos, y juntos pasarnos la vida entera.

Isabel decidió una noche, de improviso, irse a vivir con un magnate. Un hombre viejo, corredor de bolsa, con mucho dinero. Su decisión, solo hasta ahora la cuestiono. Pero de inmediato pienso en su madre, una señora que sufría de una enfermedad desconocida para ese tiempo, y bueno… murió al lado de los mejores especialistas, gracias al corredor de bolsa, esposo de Isabel.

La decisión de Isabel me partió el alma y el corazón; no había mujer ahora que mereciera mi respeto y mi tiempo, y mucho menos existía la palabra amor y pobreza. En ese momento decidí cambiar mi vida, decidí aceptar la propuesta más arriesgada que Miguel me había hecho. ¡Decidí ser un criminal!

La vida de un criminal a los 26 años es muy parecida a la de un ejecutivo, por lo menos en mi caso. Mi trabajo consistía en ponerme el mejor vestido, caminar por la ciudad, mirar a las personas, analizarlas, pasar desapercibido, y esperar el momento preciso. Cuando ellos menos lo esperaban… "señorita, se le cayó…" la persona se distraía y yo rápidamente robaba su billetera. A veces no resultaba exitoso pero era lo único que se me ocurría para poder robar su cédula de identidad, que era realmente por lo que me pagaban.

La idea era robar cédulas, así que poco a poco comencé a pensar en las mejores formas de hacerlo, perfeccioné mi técnica. Comencé a frecuentar los bares y las discotecas, ahí las personas llegaban a estar tan ebrias y

EL ECO DE UN SUSURRO ½ SILENCIOSO

drogadas, que no hacía falta meter la mano en
el bolso y robar la billetera, sino que las
cédulas estaban botadas por todas partes del
lugar, era solo quedarse hasta el final y
mientras eso, ir recogiendo las cédulas que se
encontraban en el piso, en los baños, y en la
barras de los bares.
Robar cédulas parecía inofensivo en aquel
momento, era algo que parecía demasiado
sencillo, pero que tenía un fin muy ambicioso.

Las cédulas llegaban a Miguel y él las vendía a
unos "duros" que robaban sus identidades; con
ellas cometían robos y crímenes. ¿Cuál era el
punto? que nunca sabían realmente quién cometía
los crímenes y si había algún sospechoso… era
solo el propietario de la cédula.
Por 2 años y un poco más robé cédulas en
discotecas, cafés y en los lugares donde
estuviera cerca; me estaba dando para más que
comer, pero yo necesitaba más… Isabel había
dejado en mí una sensación amarga sobre el
dinero. Tenía que ser alguien más, tenía que
ser el más grande, tenía que tenerlo todo, así
podría recuperar a Isabel y demostrarle el
verdadero significado del dinero, que no es más
sino basura.
Así que decidí contactar a los "duros" de
Miguel; por supuesto él me apoyó y se unió a
mí, y así entramos al verdadero negocio.

Las cédulas llegaban a nosotros y luego
entrábamos a los bancos, a los restaurantes, y
hacíamos todo a nombre del propietario del
documento. Teniendo la cédula, además, teníamos
acceso a sus tarjetas de crédito, a todo lo que
fuera de la persona. Al fin y al cabo teníamos
su identidad.
Así que dejé de ser Paolo Mazhari para
convertirme en Carlos Botero, Andrés Figueroa,
Santiago Restrepo y el que me tocara en ese
momento. Solo tenía que respetar la única regla
por la cual entré al negocio: "jamás reveles tu
verdadera identidad"; así que Paolo dejó de
existir, por lo menos por un tiempo y

especialmente en este país. "Según dicen, él se fue a Italia a vivir en su país natal y se metió en el negocio del petróleo". Desde ese entonces me volví un ladrón de identidades y un hombre sumamente rico.

Pero cambiar constantemente de identidades robadas no es algo sencillo, más cuando llevas 10 años haciéndolo y eres el mejor en el negocio. Tenía 38 años, era un hombre muy bien plantado, vestía trajes de los mejores diseñadores, tenía cuentas en Panamá y en Suiza, era bastante rico y lo mejor… no tenía que vivir en Colombia sino solo trabajar de vez en cuando.
Como dije, robar identidades no es tan fácil como parece y más cuando ya eres un objetivo policivo y nadie sabe en dónde estás ni quién eres realmente.

Así que compré un apartamento en Panamá; tenía tanto dinero que decidí ir a donde lo podía tener cerca, aquí tenía una cuenta a nombre de Paolo, y otra en Suiza, claro que tenía otras 10 cuentas más a nombre de las tantas identidades robadas y que aun no se descubrían. Qué mejor lugar para guardar el dinero que los paraísos fiscales. Aquí nadie me preguntaría cuanto saco, por qué, y mejor aun, no me cuestionarían las diferentes identidades.

A Colombia solo viajaba de vez en vez, cuando tenía trabajo por hacer. Lo hacía a nombre de Paolo, y mi excusa era visitar mi hogar, ¡mi orfanato! Igual, Paolo Mazhari era un hombre muy adinerado gracias al petróleo y no tenía ningún problema para salir y entrar al país. Cuando lo hacía, unas dos veces al año, debía robar la mayor cantidad de cédulas y lograr sacarles el mayor provecho que pudiera; ahí es donde todo se volvía más complicado. Porque ya muchas personas te han conocido con diferentes nombres, y este mundo es muy pequeño, y Colombia aun más, así que era muy difícil para ese momento lograr suplantar a una persona, cuando ya me conocían en los mejores hoteles, bancos y restaurantes con nombres ya usados y buscados por las autoridades.

Claro, hasta ahora no había sido capturado, y todo iba muy bien, solo que … ¡no podía meter la pata!

Compré un apartamento en una zona comercial de Panamá; al fin y al cabo, lo mío eran los negocios. El edificio era de lujo, uno de los más modernos y altos que se habían construido en la ciudad, mi apartamento era el 800, un piso completo, así suene ostentoso, para ese momento tenía toda la credibilidad para poder tener algo así; y es que lo era. Era uno de los hombres más ricos del mundo. Si me preguntaban en esa época cómo iban los negocios, a eso respondía "perfectamente, parece que las nuevas tierras tienen más petróleo de lo que jamás había visto". Y el petróleo lo resuelve todo en el mundo de los ricos.

En ese mismo edificio vivía Raquel; su apartamento era el 300, un piso entero para una mujer soltera de 30 años, hermosa, alta, de un cabello que jamás olvidaré, y con un olor peculiar y único; era ella. La primera vez que vi a Raquel fue el día en que se pasó a su apartamento. Yo estaba en el ascensor, bajé y cuando se abrieron las puertas, vi a esta mujer encartada con maletas, pero se veía impresionante, hermosa. La miré y la ayudé a entrar las maletas al ascensor, ella no paró de mirarme, y salí muy intimidado. Yo sentía que una actriz de cine se había pasado a este lugar, en Panamá puede vivir el que sea y tú ni te das cuenta. ¿Cómo te llamas? Preguntó… y sin pensarlo respondí, Paolo Mazhari; cerré los ojos con arrepentimiento, y ella sonrió.

Acostarme con Raquel no era difícil, mi estilo de vida no lo había cambiado, y me refiero a que una mujer era solo para acariciarla, olerla, probarla, y después botarla; Raquel ya estaba en mi lista de espera. La tenía lista, ¡pero Raquel corrió con suerte! El mismo día en que la conocí, el teléfono sonó. "¿Es usted, Paolo Mazhari?..., respondí ¡no!, ¡este numero fue dado por el orfanato donde él creció!… ¡es acerca de Isabel Ramírez!….". Me vestí y salí.

Habían pasado más de 15 años sin saber nada de ella, existía en mi cabeza y en mis pensamientos todos los días, la tenía tan presente que ya se me había olvidado la realidad.

Isabel había sido abusada por su esposo por muchos años, nunca entendió por qué comenzó a portarse de manera tan indiferente con él, hasta el día en que murió. Ahora ella estaba en un hospital, sufría alzheimer, la misma enfermedad de su madre, y había perdido fuerzas en muchos de sus órganos después de tantos golpes. Me dijeron en la llamada que llevaba 5 años sin decir nada ni reconocer a nadie, pero días atrás, había leído un reportaje sobre la industria petrolera en una revista local, y ella me había reconocido; era lo único que recordaba de su vida. Ellos la ayudaron y me contactaron gracias al orfanato donde crecí, y yo me fui directo a Colombia.

Jamás olvidaré el día que llegué al hospital y la vi; seguía igual de hermosa aunque habían pasado los años, su piel morena brillaba con el sol, unos ojos de nuez y una sonrisa indescriptible, aunque en estos se veía lo duro que la había tratado la vida. Los doctores del hospital me dijeron antes de entrar a su cuarto, que Isabel tenía poco tiempo de vida, que el alzheimer estaba muy avanzado, y que sus órganos ya no eran los mismos. Isabel moriría dentro de poco.

El ex esposo de Isabel le había dejado mucho dinero para que ella continuara su vida, aunque murió sabiendo que no lo amaba. Con la poca ayuda que encontró se contactó con el hospital y ahí estuvo por esos 5 años, encerrada, sin recordar quién era.

Lo increíble de todo es que Isabel se acordaba de mí, de todo cuanto vivimos, pero también de todo lo que ella vivió conmigo en su cabeza; pero no recordaba el resto de su pasado, a su ex esposo, a su madre, ni que vendió avenas en una construcción; no se acordaba de nada. ¡Pero sí de mí!

Ese día decidí llevarme a Isabel a Suiza. Era muy peligroso vivir en Colombia; Panamá no tenía los mejores especialistas, y por supuesto no iba a dejar a Isabel en ese hospital. Los doctores estuvieron de acuerdo, la plata que le dejó su ex marido se entregó como donación al hospital y lo demás lo cubrí yo, como se lo había prometido cuando ella no estuvo conmigo. Isabel viviría como se lo merecía.

Ella había sido una mujer abusada y azotada por la vida, y eso se le veía con claridad en su cara; pero su estado era otro, conmigo ella se sentía con vida, sentía que nunca nos habíamos separado y recordaba todo.
Isabel y yo pudimos vivir 4 años juntos en Suiza; ella murió como la mujer más feliz del mundo.

Para ese entonces no necesitaba trabajar y mucho de mi dinero lo había decidido meter en petroleras siguiendo los rumores, así me pude cubrir por ese tiempo.
Cuando Isabel murió, quedo un vacío muy grande en mi vida. Suiza era un excelente país para nosotros, pero no para mí solo, necesitaba olvidarme de ella…
¡Necesitaba volver a trabajar!

Desesperado me fui a Colombia, llamé a Miguel y decidimos cometer nuestro último gran robo. Este por supuesto tendría más planeación que los anteriores. Por fortuna éramos personas muy adineradas y nadie sospecharía de nosotros, lo que nos daba la posibilidad de jugar, de jugar por última vez.

Nuestro objetivo: robar las cédulas de 2 duros del ejército nacional. Nuestro real propósito, tomar su lugar.

Siempre he dicho que robar identidades no es trabajo fácil, y el robo causó la muerte de los dos policías. Fue la primera vez que maté a alguien, y la primera que me gustó.
Miguel volvió a México donde vivía con su esposa e hijos y yo volví a mi antiguo apartamento en Panamá. Suiza era un lugar tranquilo, pero me recordaba algo muy doloroso para ese momento.

En poco tiempo volví a mi antigua vida y Raquel, la mujer del 300, ya estaba en mi cama. Me tomó un tiempo aceptar lo que haría con mi vida a los 49; era un hombre muy rico, tenía todas las apariencias de un hombre joven, podía acostarme con quien quisiera, había vivido y enterrado el amor de mi vida y había matado a dos policías. Pero estaba aburrido. Mi vida aunque llena de las cosas que pensé la harían diferente, era vacía, no tenía nada.

Después de pensarlo muchas veces, seguramente por aburrimiento y vacío, acepté que los policías no iban a ser mi último trabajo sino el inicio de algo nuevo; decidí entonces volver a robar identidades, pero esta vez con algo más.

Ahí fue cuando me volví un verdadero criminal, un asesino.

Lo irónico de todo es que no me pagaban por matar, me pagaban por robar sus cédulas, matar era solo algo que hacía por dolor, o por pasión, todavía no sé. Pero siempre encontraba una razón para hacerlo, a veces por el recuerdo de mi padre, a veces por el ex esposo de Isabel, a veces por ella, a veces por mí.

Raquel, la mujer que frecuentaba con
continuidad mi cama, "por ser la que vivía mas
cerca", nunca se enteró de nada. Para ella
seguía siendo el mismo del imperio petrolero.
Solo mataba en Colombia y bueno, si me tentaba
mucho, una que otra vez en Panamá.
¿Por qué no maté a Raquel? La respuesta es
clara. A las mujeres no se les mata.

Pasaron 5 años y mucho crímenes, mucha gente me
siguió o siguió a las personas que creían ellos
ver. Aun así no fue fácil para la policía en
ese entonces encontrarme. O eso creí yo.

El día que todo se vino abajo, Raquel llamó a
la policía en Panamá y dijo en dónde estaba y
dónde encontrarme. Cuando Raquel llamó a la
policía subió a mi apartamento, me entregó un
boleto de avión para suiza a mi nombre, Paolo
Mazhari, el que ella conocía, y me dijo que
tenía que escaparme, que la policía ya sabía
dónde estaba, había salido en la noticias mi
foto con una identidad robada, y ella me había
delatado por cubrirse la espalda, y así fue.
Huí tan pronto pude sin preguntar nada. "La
primera advertencia, no revelar tu verdadera
identidad… ¡la había cagado!". Ella había
puesto en el boleto Paolo Mazhari.

Había muchos interrogantes en mi cabeza, muchos
atracos, muchas identidades robadas, y mucha
sangre en mis manos. Era un criminal, el peor
de todos.
Cuando llegué al aeropuerto en Suiza decidí
botar todas las identidades robadas que llevaba
conmigo, busqué un basurero y sin pensarlo me
deshice de todo, tenía que usar la única
identidad real, así fuera por última vez. Esa
misma identidad que me recordaba esa ciudad y
la vida que se había llevado, la que me
recordaba a mi padre, al orfanato, a quien era
yo realmente, la misma que estaba en el boleto
de avión. Así que me acerqué a la salida y pasé
mi pasaporte. "¿Usted es Paolo Mazhari?",

preguntó la funcionaria de inmigración. Yo respondí afirmativamente. "Queda usted arrestado".

No fui arrestado por robar identidades, eso aun no se sabe. No fui arrestado por matar, eso aun no se sabe. No fui arrestado por nada de lo que era, más que por ser Paolo Mazhari.

Estuve detenido dos días en el aeropuerto, tenía unos 20 policías que me seguían hasta para ir al baño; era alguien peligroso.

Resulta que hacía más de una década que un Paolo Mazhari que no era yo, había estado desangrando la ciudad; muertes, secuestros y las cosas que ni yo me atreví a hacer en mi país.

A los dos días me dejaron salir para reunir unos papeles con mi identidad y demostrar quién era yo realmente. Pero me dijeron que tenía que estar custodiado por unos policías, que lo que pasaba era que tenía un homónimo, un hombre con mi mismo nombre, es decir otro Paolo mazhari. ¡Que creían haberse confundido!

Tenía que salir ya de Suiza; no solo tenía un homónimo que era peor que yo, sino que pronto se darían cuenta en Colombia y Panamá que yo estaba en Europa. Y si me fueron a buscar al apartamento en Panamá era porque buscaban a Paolo Mazhari.

Con tranquilidad salí custodiado por los policías y me dirigí a mi apartamento en Suiza para buscar mis papeles; en el camino llamé a Miguel y le conté todo. Lo mejor que podía hacer era irme donde Miguel, seguro en México no me conocían; podía volver a empezar.

De camino a la casa pensaba mucho en cómo hacer todo, era muy extraña mi salida de Panamá; debía hablar con Raquel. Al llegar al apartamento me di cuenta que no tenía nada, había sido robado, no solo las cosas, el apartamento lo habían vendido, y claro lo había hecho Paolo Mazhari, ¡cómo no! Salí entonces a buscar mis papeles en los bancos. Mis cuentas bancarias habían sido robadas. Me habían estafado, me había estafado un homónimo. ¿Quién era Paolo Mazari?

Era de nuevo un hombre pobre, y estaba siendo buscado por el mundo entero. Por algo que no era yo. Me senté en una silla, tenia 5 policías a mi alrededor, miré mi cuenta bancaria, "$0.000", tomé mi celular, llame a Raquel, "hola mi amor, llegue a Suiza, no imaginas lo que me pasó". ¡Lo sabía!

Raquel había planeado todo desde el principio con mi homónimo; desde el momento en que se mudó y supo que yo me llamaba igual a él, a su esposo, un hombre llamado Paolo Mazhari. Y cómo no ayudar a Paolo Mazhari el más grande bandido de Europa. Y yo me regalé en bandeja de plata. Ella no había llamado a la policía, no había salido mi foto en las noticias, era un engaño, un engaño para que yo, Paolo Mazhari llegara a Europa y tomara su lugar, el lugar de mi Homónimo. Ella lo sabía todo, y así, como supo que yo robaba identidades, decidió robarme la mía.

No tenía nada más qué hacer. Miré a todos lados, los policías me rodeaban, miré al frente, tomé un suspiro y salí corriendo. "¡Bastante estúpido!"

Fueron 5 disparos entre la espalda y la cabeza, ninguno de ellos me afecto ni la columna ni nada, ¡sigo intacto! Para Colombia y Panamá, nunca se descubrió el criminal que afectó el país y su gente. Para suiza, soy el peor criminal que pueda existir, soy el mismo que come de mi dinero y de mi mujer, hoy, en algún lugar del mundo.

Tiempo de estar aquí…

no sé…
1, 2, 5… 70 años.
¿Edad?
59.
¿Miguel?
Miguel dejó de llamar.
¿En cuanto a Isabel?…
Isabel me visita los días que puede.

DETECTIVE PITELES
Piteles Petala

Esto es nuevo para mí...
Soy un hombre de 81 años.
Es la primera vez que entro a una página de
internet como estas...
Me llamo Piteles,
Piteles Petala.

¿Me describo?

¡Uy!, ahí sí me la han puesto difícil. Creo que nunca me habían hecho una exigencia como esa. Ahora entiendo cómo se sienten las mujeres cuando les preguntan la edad... Por supuesto las que esconden algo. Como yo que escondo mi barriguita y unas cuantas arrugas, pero eso no puede ir como descripción.... Si a una mujer le preguntan: ¿cuántos años tienes?, y sin pensarlo responde, ¡17!, una de dos: responde rápido porque los tiene, entonces hay felicidad en ella. Si en cambio a la señora le preguntan la edad, y responde 17, y claramente parece de más edad, pues sería algo realmente interesante. Por supuesto ella responde que es una falta de respeto, que eso a las mujeres no se les pregunta, y solo intenta disimular sus 30 en esos 17 de su respuesta.

Yo, yo puedo describirme. Pensé que con la pregunta anterior, de quién soy, respondía todo... Definitivamente la internet no fue creada para mí... Es que yo no debería estar aquí, hace tiempo podría haber muerto. La nueva tecnología es para las nuevas generaciones, y yo, de varias décadas atrás, pues estoy aquí, frente a ella, a la tecnología, y a la descripción...

Pienso que se refieren a cómo soy físicamente. Supongo que podría decir que soy atractivo, aunque advierto de inmediato que soy bajito, y bajito es bajito. Eso sí, lo que dios me quitó en estatura me lo dio en otras cosas. Perdón por toser.

Tengo algo muy positivo para un hombre de mi edad que se conserva tan bien, y es que aún tengo mis cabellos puestos en su lugar, adheridos a mi cabeza como si nunca se fueran a caer. Mi pelo blanco sigue firme como en los viejos tiempos, aunque de viejo solo quedo yo. Algunas arrugas son las que empiezan a cambiar el aspecto de uno. Ahhh, definitivamente qué buenos tiempos aquellos. Y yo sí que tuve suerte, no solo un excelente trabajo, sino un amor perfecto, pinta de semental, todo un partido, todo un galán, aun con mi 1.40 de estatura. Sí, al principio nadie lo entiende... Nadie entiende cómo un galán como yo mide tan poco. Se ve en las caras de la gente que no lo pueden creer. Yo me siento feliz, ¡esta pinta siempre sobresalió en todas partes!

Me visto casual, como dirían hoy, un poco de aquí y un poco de allá... Lilo, la nieta de un amigo mío, me dijo la otra vez que yo me vestía como ella, ¡hippie chick!... Sabrá ella qué significa eso. El pobre Armando tuvo la mala suerte de tener una nieta así, tan desguarambilada, tan mal vestida, tan... ¡Hippie!... ¿Qué será chick?.. ¡Ahh no! A mí que esa niña no me venga a decir hippie chick, que yo no fumo nada, ni cigarrillo. Qué confianza la de esa niña, se lo diré a Armando.

Yo me visto casual, repito, sí, tengo un poquito de aquí y un poquito de allá pero siempre huelo rico. No me visto con remiendos ni nada de ese estilo, sino con lo mejor de lo mejor... lo que sí es cierto es que a veces me gusta vestir muy juvenil, y supongo que eso es lo que hace que me vea tan diferente, para que una niña de 22 años me tenga tanta confianza.

Pero la verdad, a esa peladita la quiero, a ella y a todos los demás nietos de mis amigos cercanos. Son como mis nietos, aunque prefiero no decirlo nunca. Por supuesto, tengo muy clara mi posición en la vida, ya estoy muy viejo para andar en llantos. Simplemente quiero aclarar que son muy especiales para mí. Nunca tuve hijos, y a todos esos carajitos los vi crecer, y ellos me acompañan llegada la vejez.
Y sí… no tuve hijos, pero eso no quiere decir que nunca me enamoré, esta pinta se enamoró... Y se enamoró por siempre....

¿Será que tengo que hablar de Mari Pili ahora? O... ¿habrá más adelante una pregunta donde se tenga que hablar del amor?... No sé, me disculpo, como dije al principio nunca antes había entrado a una página web en mi vida, mucho menos a una de romances... Pero esa peladita de Lilo, me enseñó cómo hacerlo y, bueno, el noticiero empieza hasta dentro de 30 minutos... Los que tienen mi edad sabrán que en la soledad, a veces ni uno mismo es compañía.

Mari Pili fue la mujer de quien me enamoré. Me casé con ella, también... Ah, es que a veces piensan que uno solo vivió de cantina en cantina, y no, yo era un hombre de casa, trabajador, buen esposo... Era también un buen detective.

Estudié en una institución técnica de detectives privados. Era mi pasión. Aunque para mil novecientos veintipico era algo muy raro de ver en esta ciudad. Pocos lo hacían. Era como años más tarde salir en la televisión; personas locas que trabajan mucho y les pagan poquito....

Para mí era un sueño ser detective, no sé por qué, no conocía a uno, ni sabía muy bien lo que hacía uno en aquella época. Me entregaron en la calle un papel y me dieron un descuento en la inscripción. Tenía 18 años, y llevaba trabajando toda mi vida, (lo que pensaba que era toda). Entré con ahorros míos y la ayuda de mi papá, quien luego de ver cómo se vestían pensó que era la carrera del futuro y que sería millonario con ella... Por lo menos le salí más inteligente que su otro hijo, mi hermano, ¡ah no, eso sí!, yo… yo quería ser detective; el pobre, en cambio, soñaba con ser policía acostado.... Si, chiste bobo, pero en la vida real, a uno a veces le toca vivir y crecer con ellos, con chistes bobos de 2 patas.

Ese hombre sí que fue rico. Para muestra un botón: el bobo se metió al narcotráfico y después de tenerlo todo y perderlo, tiene una familia que lo acompaña. Bien por él, aunque le queda poco, menos que a mí, así le lleve yo seis meses. Eso sí, ese viejo pendejo no hace sino fumar. Viviré más que él. Lo digo para la que este leyendo, y sepa con claridad y tranquilad, que este Piteles va para rato.

En la escuela conocí a Mari Pili. Tenía los mismos 18 que yo y las mismas ganas de vestirse igual que un detective. Poco a poco empezamos a saber de la profesión, de la investigación. La vida, como une, separa.

Amaba la lectura. Nuestra vida se inclinó hacia la investigación de, primero, la palabra de aquellos que habían hecho la historia, para después entender el pensamiento humano y tratar de investigarlo, indagarlo a partir del lenguaje escrito. Un trabajo difícil, déjenme decirles, pero nosotros realizamos hazañas y descubrimos hasta cosas para el Estado. Eso no lo puedo contar para no meterme en problemas a estas alturas de la vida.

Ella y yo fuimos los primeros en todo, si saben a qué me refiero. El amor floreció. Nos casamos a los 23 años y montamos nuestra propia empresa de detectives... Se llamó detectives Petala, por nuestro apellido, el mío y ahora el de ella, Mari Pili Petala.

El matrimonio fue un gran acontecimiento para las familias de ella y la mía. Era la unión del amor más puro. Recuerdo que en el casamiento, su padre, como buen paisa, tiró pólvora celebrando que su hija se casaba. Mi madre bailó con mi padre, recordándome que esto sería para siempre.

Fue una relación muy bonita la mía con Mari Pili. Por supuesto, como en todas, existían disgustos y problemas, especialmente por falta de plata, pero nada que el amor no pudiera resolver; esa niña y yo sí nos amábamos, no importaba nada, ella y yo juntos éramos invencibles.

Solo hubo algo que nos venció, y fue lo que acabó con la vida de mi esposa: sus ganas infinitas de ser mamá.

Después de tres años, decidió hipotecar la empresa para someterse a un riguroso tratamiento, "que dizque en el exterior, con mezclas indígenas". Una vaina muy rara todo lo que nos tocaba hacer para que Mari Pili y yo fuéramos papás. Pero yo lo hacía todo por ella.

Con el pasar de los años, la espera se volvió agonía permanente.

Fue una vida increíble la que tuve con Mari Pili. A pesar de ese tipo de percances, tuve la fortuna de tenerla hasta que cumplió 50 años, y solita se fue, dormidita al lado mío, la noche en que me hizo la mejor comida y se despidió con su mejor sonrisa, una sonrisa que no veía hacía mucho tiempo, que no le había vuelto a ver. Fue perfecto, y yo, yo pensé que también pronto me iba, pero la verdad es que no tenía problemas en el corazón como sí los tenía ella.

A los 50 cerré la empresa por completo. La hipoteca terminó con lo poquito que tenía. El funeral de mi esposa fue sencillo, como nuestra vida. Sencillo pero perfecto.

Mari Pili se fue y con ella la casa que siempre olía a ella misma. Su voz era música constante que hacía que las paredes se iluminaran, que los colores fueran más vivos, que las plantas crecieran y retoñaran más rápido; todo era perfecto con ella. Pero ya cuando se fue, la soledad se adueñó de todo el espacio. Con su muerte se fueron las plantas, los colores, su aroma, se fue todo. Esa soledad se volvió mi compañía, y decidí ser un hombre viejo, decidido a morir.

Pero la vida no quiso llevarme, no ha querido, y después de 15 años de depresión anímica, a mis 65, volví a ver la luz; no sé qué pasó, no sé si Mari Pili se cansó de esperarme, y decidió dejarme en vida para que continuara tantas cosas que nos faltaron por vivir. No sé si fue la luz de ese hijo que nunca tuve pero que soñé a mi lado, no sé si fue empezar a vivir el nacimiento de los nietos de mis amigos; todo me cambió.

Era el invitado más agradable en todas las fiestas. Me daban comida y licor, me dejaban compartir con ellos tantas experiencias. Ellos hacían que la soledad, esa que seguiría constante en mi vida, por lo menos estuviera acompañada de caras conocidas.

Con el pasar de los años volví a ser un hombre bueno, me agradaron las arrugas en la piel, y así ya no fuera el pintoso de antes, volví a ser el Piteles seguro de la juventud. A los setenta años, cuando vi que la vida, las ropas, la forma de vivir había cambiado para todos menos para mí, decidí también hacer un cambio. Entré a nuevos almacenes, dejé de ir donde Hugo, mi barbero, y fui donde Luli, una loca que le corta el pelo a todos los pelados. La loca corta el pelo muy bien, y como ya les dije que mi cabellera sigue intacta, entonces mi apariencia se volvió moderna... Vuelvo a decir Hippie chick, pero repito que ni cigarrillo ni nada.

Nunca me volví a enamorar. Para mí solo existió una mujer en la vida, y por ella tuve la necesidad de guardarle su espacio. Hoy, a mi edad, y realmente hace poco lo vi con claridad, yo estaba en un error, pues había decidido no volverme a casar o a vivir con una mujer. "Eso no tiene nada de malo". Me dejé mal acompañar de la soledad por muchos años y la compañía es la mejor arma contra la soledad. Lo olvidé; me olvidé de mí por mantener su recuerdo. Hoy pienso que ella y yo seremos eternos, no importa si salgo con otra persona a tomarme un café. El día que yo me vaya, y falta para eso mucho tiempo, será para reunirme con ella y ahí sí hasta la eternidad, así que, por qué no... Por qué no invitar alguien a un café... ¿Alguien para un café?

A mis setenta y cinco, después de tantos cambios que da la vida, cuando además viví a plenitud cada instante de ella, empecé a perder a muchos de mis amigos. Cada uno empezó a irse de este mundo, dejando a esposas y familias atrás, para cuidarlas desde algún lugar, y esperarlas para ese reencuentro eterno. Ese que espero algún día pueda vivir con Mari Pili. Perdón por toser, espero no asustar a ninguna lectora.

Fueron seis años en los que vi morir a muchos. A pesar de dolorosa, la muerte siempre había sido una acompañante. Lo extraño era que se llevaba a gente a la cual no le había llegado la hora. Pero bueno, no pelearé con la muerte, eso será cuando me vea con ella.

Quedamos vivos Armando y yo. No había ya nadie más que saliera a tomarse los brandis con nosotros. Estábamos solos él y yo, y el recuerdo de nuestros amigos en las muchas caras de sus hijos y sus nietos que continuaron creciendo a nuestro lado, o por lo menos siguieron haciendo parte de nuestras vidas.

Bueno, ahí llega Lilo, la nieta de Armando, que un día está en la casa y empieza a hablarle a su abuelo de un novio de los Estados Unidos que consiguió por internet. Ella se fue a escondidas de todo el mundo, lo conoció y ahora se van a casar. ¿Ahhh? Fue tan irreal. Esto en mi época sería algo que seguro volvería loca a la gente. Pero para ella y sus padres es algo muy normal. El matrimonio será el próximo año, y me dice Armando que el pelao es millonario. Por supuesto, estoy invitado, y puedo llevar a una acompañante.

Pues bien, no pude aguantar las ganas. Le dije a escondidas de su abuelo a la peladita que me ayudara a entrar a esa misma página de internet a la que ella había entrado. A esta. Y no por esperar a alguien millonario. Mi jubilación es suficiente para una buena vida en compañía, pero mi mayor anhelo sería sentarme a tomar un café con una compañía diferente a la soledad.

Bien, ella me ayudó a crear mi usuario, me tomó una foto y la subió o algo así.

Es una buena foto la que me tomó la carajita. Puso donde preguntaban estilo de ropa: hippie chick, pero después de tanta ayuda, me dio pena preguntarle qué era chick, y juzgar a la niña. Y simplemente cuando lo escribió, me mostró la pantalla del computador, yo lo leí... Hippie chick. La miré, me miró y sonrió. Yo le sonreí de vuelta y levanté mi mano para unirla con la de ella; nos dimos la mano, ella y yo éramos uno.
Ahora la carajita se fue a hablar con su prometido que la llamó desde el exterior, y me ha puesto la tarea de escribir mi descripción. Y aquí estoy, a mis 81 años, en estas... Descríbete, Piteles, ¿ahhh? La máquina sabe que soy yo el que tengo que escribir.

Ahora se movió el mouse, por culpa de mi codo y alcanzó a revelar la siguiente pregunta que está debajo de esta en la que me encuentro... ¿A quién buscas?....

¡Qué pregunta!.... Casi vulgar.... Creo que tengo que detenerme y hablar con esta niña.

PURGATORIO DE ASESINAS
Lupe Misericordia

Soy Lupe,
soy mujer,
soy madre y bailarina
y lo mejor…
también soy asesina.

Comenzaría saludando a quienes me rodean. No siempre una mujer como yo tiene la oportunidad de contar su historia. Son pocas las veces, la verdad. Les he preguntado a varias personas de por acá si alguna ha contado su historia antes; al parecer yo seré la primera en hacerlo… Me da emoción, pero no me debo perder en este papel; comenzaría saludando a La Bonita, mi hija, quien hoy me acompaña desde otro lugar; ella por fortuna no está aquí. Saludo también a Toto, el guardia de seguridad número dos de este lugar, un verdadero guardián de esas malas personas que llaman asesinas; yo soy una de esas y por eso estoy aquí. Pero Toto es una buena persona, me ha dejado escribir en las noches y dejar la luz prendida para no perderme; debo saludarlo y creo que también agradecerle porque si no, no podría contar la historia antes de irme. "Tranquilo, Toto, le juro que no hago nada con el lapicero", y cuando juro, cumplo.

Fui una jovencita muy callada, eso fue al principio, pero la muerte de mis padres y la necesidad de casarme a una edad muy temprana me habían dejado sin palabras, no tenía nada que decirle a nadie, ni al mundo que me acompañaba… nada.

Tenía 14 años cuando me casé; mis papás fueron asesinados por el mismo hombre que después me propuso matrimonio. Era una niña indefensa, ignorante. El hombre se llamaba Arturo, tenía unos 45 años cuando lo conocí; debo aclarar que para ese momento no sabía que él había matado a mis padres para quedarse conmigo, eso fue algo que con el tiempo y la vida entendí. Un día llegué a mi casa y los vi ahí muertos, los enterré y sus deudas me empezaron a acabar; debo aclarar que yo tenía 13 añitos y mi familia no era para nada de clase alta, ni siquiera media. Así que este hombre apareció y me propuso matrimonio; él pagaría todas mis deudas y me llevaría a conocer el mundo. Lo que más me importaba era poder estudiar, quería conocer el mundo, ¡sí!, pero quería conocerlo de verdad, aprender de él, de su historia, de la vida, en fin… El muy desgraciado se envejeció y nunca me llevó a conocer el mundo, me llevó al pueblo de al lado, ese que está abandonado hace 15 años y que si hay algo atractivo es su pobreza y decadencia. Supongo que el mundo no es solo eso.

Arturo me prometía cada año que viajaríamos, me hablaba de París, de Bogotá y de Hantris, la ciudad que más me cautivaba. Pero como digo, nunca me llevó a ningún lado. A los 5 años de casada con él, a mis 19, tuve el mejor regalo de mi vida, una niña tan hermosa como yo. La llamé, La Bonita.

La Bonita creció como una niña sana, tenía unos 3 años cuando dijo su primera palabra, "Lupe", mi nombre, y tenía 5 cuando perdió a su padre. Debo aclarar lo sucedido en este papel para que se me entienda con precisión, porque sí, maté a mi esposo, lo apuñalé hasta más no poder; sí, fue cuando La Bonita tenía 5 años, cuando el desgraciado de Arturo se emborrachó con unos narcotraficantes, se llevó uno de ellos a la casa y porque sí intentó violar a La Bonita; y sí, siento ser repetitiva, los maté y los maté con la ayuda de ella, a sus escasos 5 años.

Tenía 24 años cuando maté a la primera persona; le enterré el cuchillo de cocina que había acabo de afilar y lo clavé repetidas veces en el estómago del hombre, del hombre, mi esposo, un maldito violador. Lo enterré, lo enterré tan hondo que sentía cómo destruía cada pedazo de su cuerpo, cómo por dentro su cuerpo se volvía migajas, y así mismo maté a su acompañante, ese del que nunca supe su nombre, ni me importa. Lo que más me impresionó fue ver a La Bonita con un cuchillo en sus manos, enterrándolo en los ojos del muy desgraciado. Ella lo remató haciendo lo mismo que me veía hacer. Pero yo nunca le clavé el cuchillo en los ojos; eso se convirtió en su sello.

La Bonita era muy pequeña pero no era boba, el hombre la había tocado y por más niña que fuera, había sido educada por mí, y yo sí que le había enseñado que a una niña no se le toca ni con el pétalo de una rosa. Yo maté al acompañante de Arturo, hice lo mismo, pero desde atrás, clavé el cuchillo en su espalda y lo tiré al piso; ahí fue cuando La Bonita se le subió encima y ¡pum!, el cuchillo en los ojos. Los cortamos hasta el punto que sus pedazos cabían en unas bolsitas y así se los dimos a los perros de la calle.

Arturo era un hombre medianamente adinerado; tenía un par de escoltas que sabían que nosotros nos habíamos robado su dinero y nos buscaban para matarnos. Yo sabía que si nos quedábamos en el pueblo, tarde o temprano nos encontrarían y la plata que teníamos nos alcanzaba para ir mas allá de Valtry, un pueblo cercano, y del que me habían hablado bien. Pero Valtry era fácil de alcanzar, y nosotros teníamos que estar lejos, La Bonita debía crecer en otro lado, así eso nos costara todo el dinero de Arturo, "Que la verdad tampoco era tanto como pensaban sus escoltas". Nos fuimos a Hantris, la ciudad que soñaba conocer.

Al llegar a Hantris, aun con la paranoia y el sentimiento de persecución, con La Bonita de 6 añitos, decidí buscar un lugar para escondernos, y a la vez para vivir. Caminé como nadie imagina; la ciudad es tan grande… creo que nunca la conocí toda. Pero aquí la gente es diferente, o mejor, indiferente.
La Bonita y yo nos escondimos en el lugar más lejano, donde pensábamos que no nos encontrarían; llegamos al burdel de Las Mariacas y ahí decidimos empezar una nueva vida.

El Burdel de Las Mariacas quedaba en un sitio que antes llamaban "el barrio gris", hoy no es más que un sector urbano que parece todo menos su nombre, Las Mariacas fue el mejor burdel del barrio, mucho mejor que Las Rosadas, el cual por mucho tiempo se llevó toda la atención. Meses después ya no eran comparables por más al lado que quedaran. El Burdel de Las Mariacas era iluminado, pero de una forma hermosa, lleno de luz hasta en el día, y eso lo hacía el más llamativo. Afuera, unas niñas invitaban a todo el que pasaba, y daban muestras gratis de lo que podía suceder adentro. Yo por supuesto era una de las niñas que estaba dentro, aunque de niña no tenía nada porque ya tenía 25 años cuando llegué a ese lugar. Ahí nos recibieron muy bien, a mí y a La Bonita; para ellas, tener a su lado a un par de asesinas les sería muy útil.

Yo comencé en el burdel como mesera, La Bonita por supuesto dormía mientras yo trabajaba. Podría ser lo que fuera, pero era la mejor madre que ella, la niña más hermosa, podría tener. Era muy buena vida la del burdel, ahora que lo pienso; especialmente para que La Bonita creciera ahí. Ella pudo estudiar, una oportunidad que yo nunca tuve, aprendió a leer a los 6 años y a escribir perfectamente a los 7. Las otras niñas de Las Mariacas se convirtieron en las profesoras de La Bonita. Por ejemplo Josefina, a quien más recuerdo, la Amante, era la mujer deseada por todos los hombres y la verdad no sé cómo le alcanzaba el tiempo para atender a tanta gente, porque cuando no trabajaba se dedicaba a enseñarle matemáticas a La Bonita; sabía sumar, restar, multiplicar y dividir perfectamente y como era la más apetecida en Las Mariacas, "ella estaba dispuesta a darle a un hombre lo que fuera por unos pesos", aprendió a manejar muy bien la plata. Perla, la flaca alta que estaba en el piso de arriba, la única cara conocida en este purgatorio, era la profesora de filosofía de La Bonita, y no sé qué filosofía le pudo haber enseñado a mi hija, porque he oído sobre Aristóteles y otros grandes; pero, ¿ella?, ella le enseñaba del filósofo que mató a la amante, el de la calle, ella le hablaba de otra filosofía. Para Perla la vida era su mejor universidad.

Creo que las clases con Perla le sirvieron mucho a La Bonita, porque ahí aprendió a sostener y a usar un arma; eso fue a sus 9 años. ¡Claro que me alarmé!, ni yo sabía manejar una, cuando la niña le disparaba a los pájaros que se paseaban por el balcón cerca de su cuarto. Pero además del uso de armas le enseñó muchas cosas de la vida, Perla se las enseñó, le enseñó a bailar, también a mí; además fue lo que nos ayudó a conseguir el verdadero dinero, porque nosotras necesitábamos dinero, no éramos unas putas para quedarnos en un burdel, y como mejor pagaban en el burdel era culiando, yo ni loca y mi hija mató por eso; pues nos convertimos en bailarinas, y eso fue después de haber sido mesera por 3 años y darme cuenta que eso no nos daba ni para salir del tal barrio gris.

Tenía yo 34 años y La Bonita 15 cuando bailábamos la increíble música que hoy ni se escucha por este lugar; pensándolo bien no se escucha nada aquí. Pero en aquellos tiempos en donde La Bonita y yo bailábamos, la música era lo que acompañaba una buena bebida o una buena culiada si se llegaba con plata. Nosotras éramos el show que abría todo, la bebida y la culiada, porque ver a dos viejas bailando desnudas siempre daba pie para una cerveza o ya saben… claro, si el mozo tenía buen billete. Lo único que me causaba tristeza era ver a mi niña toda desnudita ahí moviéndose como loca; pero ella era una buena bailarina, no le importaba estar desnuda o vestida, le importaba bailar.

El burdel de Las Mariacas era un lugar donde podías conseguir diferentes tipos de atracciones, la gran mayoría sexuales, pero el ver a dos mujeres bailar era algo no solo sexual sino atractivo, era además artístico, era lo máximo que pasaba en el burdel, en cuanto al arte, como dije antes nosotras no éramos putas, éramos asesinas y ahora bailarinas, y al parecer La Bonita era también cantante.

Un día, a eso de las 6 de la mañana, cuando recogíamos todo para cerrar hasta las 9, hora en que se volvía a abrir, el sol entraba por las persianas violetas que coloreaban el espacio. La Bonita cantó como nunca, detuvo todo, a todas nosotras, a los guardias de seguridad, a los borrachines que pasaban a esa hora cerca al burdel. Desde ese día, cuando La Bonita tenía 15 años, en el burdel de Las Mariacas se empezó a trabajar 24 horas; ya no se cerraba a las 6 y se abría a las 9, pues a esa hora sucedía lo más esperado… la presentación de mi hija, de La Bonita.

Como dije anteriormente con el baile, a La Bonita no le importaba bailar desnuda, así que en esta ocasión no le interesaba cantar desnuda; ella se sentía una estrella, y no una estrella porno, ¡no!, una estrella de verdad, de las que salen en el cine, de las más glamorosas. La Bonita estaba convirtiéndose en una mujer, una mujer hermosa, con su pelo negro que a veces brillaba reflejando luz y oscuridad al mismo tiempo, con una piel tan blanca como la mía, alta igual que yo; digna hija de la Lupe; era algo que se sabía en todo el mundo, escuché que hasta en París se habló de nosotras. Aunque nunca conocimos París.

A los 16 años La Bonita era ya una bailarina y una cantante conocida no solo dentro del barrio sino que su nombre había llegado a mencionarse en las afueras de la ciudad; su proyecto artista era grande. Para esos mismos 16, La Bonita tenía algo que para mí, una mujer de 35 años, era algo extraño. Mi hija tenia un noviecito; yo no había tenido uno hasta la edad en que La Bonita, bien arreglada pero muy asustada, se me acerca y me dice "mami, ¿te molesta que me de besos con un niño de mi misma edad?", y la verdad, el hecho de que fuera de la misma edad no me aterraba, me parecía lo más tierno; al niño le decían Chapeto, y era de buena familia; vivieron en el centro por un buen tiempo.

La Bonita y Chapeto fueron novios durante 3 años, hasta sus 19, la misma edad en la que yo tuve a La Bonita, pero mi hija era inteligente y aunque perdió su virginidad con el tal chico, el muy desgraciado a los pocos meses le fue infiel con una niña bien vestida. La Bonita no lo soportó y mató a los dos. La verdad, La Bonita no habló mucho de eso y lo que puedo decir al respecto es muy poco. Lo que sé es lo que salió en las noticias y claro, ojos acuchillados, reventados, solo ella podría cometer semejante crimen, solo alguien atacaría los ojos de esa manera; conocía bien a mi hija, respeté su silencio y entendí que detrás de esto se ocultaba un inmenso dolor. Esa fue la segunda vez que La Bonita mató a un hombre y de la misma manera.

Para ser sincera y no porque tenga miedo a lo que pase después de lo que diga, yo ya había matado a 87 personas durante los 3 años en los cuales La Bonita estuvo con el tal Chapeto, 87 personas, la mayoría hombres jóvenes que me arrinconaban a la salida del burdel; ¡yo no me iba a putiar!, pero sí les sacaba la lengüita y hasta de pronto les tocaba suavemente la pija. Todo para ponerlos calientes, tenerlos tan arrechos que no pudieran pensar, y ahí, sin que ellos pudieran decir una sola palabra, les clavaba una navaja en su estómago. La navaja entraba por el estómago y lo desgarraba hasta el punto que el hombre no podía ni gritar del dolor; les tomaba unos 3 minutos morir y mientras tanto se retorcían, muchos dejaban sus ojos abiertos y me miraban como si esperaran algo. Yo… yo limpiaba muy bien mi navaja, la guardaba, pues bastante me había costado, buscaba en su ropa y billetera cosas que me interesaran, y los robaba; a veces me daba mucho placer que me miraran cuando les robaba y yo los veía morir; sentía que me daban permiso de tomar sus pertenencias antes de irse a la otra vida. ¡Qué miedo!

Sí, maté a 87 personas, 3 mujeres entre ellas; y a esas las maté por perras. A eso me refiero en forma literal y no digo nada más. De los demás contesto lo que quieran.

Tenía un problema con los hombres; no entendía bien cuál era, pero lo sentía; matar a 84 de ellos era algo que me ponía a pensar, especialmente porque a todos los maté por querer sobrepasarse conmigo; soy repetitiva, yo no soy una puta. Pero con cada intento de tocada y con cada crimen, crecía más mi asco de comerme uno, besarlo, tocarlo, mucho más enamorarme de uno.

En Las Mariacas duramos unos 17 años; yo ya era una mujer de 30 y pico. Y es que a los 30 uno se debe abstener de decir la edad, o de seguir contando, así que tenía 30 y pico, esa es una buena respuesta. La Bonita ya llegaba a sus 24, éramos unas mujeres hermosas, una más vieja que la otra, pero éramos hermosas y teníamos mucho en común. Pasadas esas 87 muertes y la trágica pérdida de Chapeto, cuando llevábamos unos 14 años de estar en Las Mariacas, a eso del 2010, tuvimos un receso de 3 años de matar. Obligadas por supuesto, pero eso nos sirvió a La Bonita y a mí; no es que no nos dieran ganas, nos llenamos de tolerancia.

Para Las Mariacas era bueno tener un par de asesinas, pero se les volvió peligroso cuando ellas se convirtieron en asesinas en serie. Decidimos hacerle caso a doña Tere; ella se acercó y nos dijo "pueden matar, pero matar y bailar no lo pueden hacer". Y miró a La Bonita y le dijo "y una asesina cantante, no es de lo mejor que he visto, mamita". Así que La Bonita decidió cantar y yo decidí solo bailar, pero como dije, esto solo nos duró 3 años.

Un día, a eso de las 7 de la mañana, cuando La Bonita daba seguramente su mejor presentación, alguien entró, era Edgar, y digo era, porque por él terminó el receso.

Edgar entró con un grupo de obreros, era seguramente un día de paga para ellos y llegaban dispuestos a disfrutar todas las atracciones de Las Mariacas. Llegó y de una vez se fijó en La Bonita, ella cantaba el tema "te busco" de Celia Cruz, lo cantaba divino: "te busco, perdida entre sueños, el ruido de la gente me envuelve en un velo", y el hombre le disparó. La bonita cayó lentamente. La bala entró por el estómago y aunque no hizo mayor daño, sí generó mucha sangre e hizo que volviera a coger la navaja.

El hombre le disparó, y los que lo acompañaban comenzaron a dispararnos a todas, yo alcancé a esconderme detrás de una barra donde siempre guardaba una navaja con la que ayudaba a rebanar limones para los tragos, me escondí y escuché cómo disparaban, sonaban como metralletas la cantidad de balas que salieron de esas 6 pistolas de los acompañantes de Edgar.

Edgar había ido antes al bar; era un hombre solo, de traje de calle gris; siempre se sentaba en la barra, miraba a la bonita y luego a las demás; nunca tenía suficiente dinero, solo para una cerveza mientras abría apetitos con la mirada. Una vez intentó seducir a La Bonita, pero a ella no le gustó la idea y lo rechazó; creo que por eso él llegó esta vez a dispararle.

Cuando las balas habían cesado salí de mi escondite, tenía a Edgar detrás, me acerqué sigilosa y le corté la garganta; el desgraciado cayó al piso. En ese momento uno de los acompañantes me alcanzó a ver y me disparó, por suerte yo soy bailarina, y supe eludir las balas, tomé la pistola de Edgar que agonizaba dejando un charco de sangre, y comencé a disparar. Las clases con Perla sí que me habían servido; disparé como nunca y maté como antes. Los 6 hombres cayeron muertos al piso, yo recogí a mi hija quien intentaba sostener sus ojos abiertos, grité pidiendo ayuda.

La Bonita por suerte salió a las dos semanas del hospital, Lucita y Mairé murieron a causa de las balas, Tere y Perla sobrevivieron así como 5 niñas más. La vida de Las Mariacas había terminado.

Del hospital salimos a buscar un lugar dónde vivir, habíamos trabajado muchos años en el burdel, pero no teníamos plata para pagar algo medianamente agradable, y menos nosotras, mujeres hermosas acostumbradas a tantos lujos y buenos tratos que recibíamos allá, pero La Bonita y yo habíamos ahorrado unos cuantos pesitos; parecían mucho… estábamos equivocadas, al salir del barrio gris, el valor de los gastos se incrementó, y nosotras queríamos vivir en lo mejor; no nos alcanzaba, solo pudimos pasarnos a vivir a un cuarto casi de la dimensión de un baño.
Lo tomamos y nos mudamos a las afueras de la ciudad, pusimos dos colchones y pintamos las paredes de rosa, lila y rojo, colgamos algunas cositas, entre estas, ropa y collares, La Bonita pegó afiches de sus cantantes favoritos y comenzamos una nueva vida.

Por allí no habían burdeles, por lo menos no los burdeles que existían en el "barrio gris".
La Bonita y yo teníamos que trabajar, lo que más sabíamos hacer era bailar y cantar, así que decidí darle la oportunidad a mi hija de ser más grande que en Las Mariacas, y para mí busqué otro trabajo mientras ella se encargó de hacer audiciones en la ciudad como cantante. Habían empresas grandes, productores, y muchas disqueras buscando la nueva sensación. Si mi hija no lo era, entonces a quién buscaban.

Vivimos 2 años en ese pequeño cuarto que quedaba cerca a los barrios lujosos de la ciudad. La cuarta con quinta, por ejemplo, estaba a 7 minutos tomando el metro 6; ¡si!, el lugar donde todo el mundo querría vivir. Estábamos cerca y para nosotros era casi lo mismo.

Yo trabajé como empleada del servicio por esos dos años; era una excelente bailarina, pero ya tenía más de 40 años y por más que no quisiera contar mi edad, ella se delataba sola y se me empezaba a notar en los ojos, en la boca y en el cuello.

Trabajé como empleada del servicio en casas de millonarios. Tuve mucha suerte, la verdad, "porque como no había vivido antes en Hantris, yo venía de un pueblo, y de Las Mariacas no podía hablar", no tenía cómo ofrecer recomendaciones ni nada. Pero como era una mujer tan atractiva, nadie me preguntaba por mis datos y simplemente comenzaba de inmediato.

Durante el tiempo que La Bonita intentó ser cantante, ella mató a unos 5 productores que quisieron abusar de ella o que le proponían trabajo a cambio de sexo. Gracias a Dios esos tipos nunca dijeron con quién se reunirían, y su secreto oculto fue la mejor coartada para La Bonita. Yo también maté como ella, lo hice por casi las mismas razones; los mataba y renunciaba; era una empleada del servicio pero odiaba los hombres; maté a 4 desgraciados que por sentirse los patrones intentaron sobrepasarse conmigo.

Debo aclarar muy bien un término y vuelvo a detenerme en esta cantidad de muertes que hoy he decidido confesar para poderme ir de este lugar, para irme donde está La Bonita; si ella fue sincera, lo fue conmigo, debo hacer lo mismo con ustedes, con usted que me ha querido leer.

La policía nos buscó por mucho tiempo, pero indagaban por cantidad de nombres distintos a

Lupe y La Bonita aunque por ahí escuché que el nombre de La Bonita llegó una vez a oídos de los uniformados. Pero La Bonita llegó como un alias, y así nunca la encontraron; nunca, hasta aquel momento en que todo acabó, incluso su vida y la mía.

Cerca de nuestra habitación vivía un hombre de unos 35 años; su nombre, Palacio.
Palacio conoció un día a La Bonita cuando ella salía de la casa. Verán; nuestro sitio de vivienda como dije era muy pequeño y para nada ostentoso, era un cuarto pequeño, para nosotras, nuestro apartamento. Era apartamento, cuarto y baño a la vez, todo en uno, "un sitio verdaderamente acogedor". Habían unos 50 apartamentos iguales al nuestro, de un solo piso, como aparta-estudios que daban a callejuelas sucias y malolientes.

Pero entrabas al cuarto y era lindo, por pequeño que fuera.
Palacio vivía a 16 cuartos del nuestro.

Un día a eso de las 8:35 de la mañana, Palacio salió de su casa, un instante luego lo hizo también La Bonita a buscar una nueva cita de trabajo. Recuerdo bien la hora porque La Bonita me habló de una audición importante a las 9 de la mañana. Ellos coincidieron en la puerta de la casa de Palacio quien había regresado por unos papeles. Se encontraron y de inmediato entraron y cerraron la puerta.

Fue el segundo hombre que tuvo la oportunidad de conocer el cuerpo de La Bonita que, déjenme decirlo, era el mejor, mejor que el mío y eso es difícil decirlo. Mi hija, al fin y al cabo. Ella llevaba muchos años sin ser tocada, sin llegar al éxtasis y Palacio la llevo a eso, y no solo a eso, la llevó y la enamoró, pero La Bonita no me lo contó.

Yo conocí a Palacio en forma contraria. Era yo quien salía una vez, minutos antes de las 7:30;

pasé por su cuarto cuando el salía, nos miramos al coincidir en su puerta. "Hola" y miré a sus ojos; no había sentido eso nunca, nunca me había pasado que un hombre me mirara y me gustara; llevaba años odiando a los hombres, no había tenido sexo durante los últimos 20 años y si intentaba tenerlo, me daban ganas de matar a mi amante. Pero con Palacio no, Palacio me entró a su cuarto y cerró la puerta…. Y la cerró por 3 años. Tampoco le conté a La Bonita de él.

Fueron 3 años en los cuales conocí el amor, las ganas de matar desaparecieron con el cuerpo de un hombre, con sus palabras y con esas ganas enormes que me generaba de formar una familia. Todas las mañanas a eso de las 7:30, antes de ir a trabajar, me encontraba con Palacio en su casa y después de darme 1 hora de placeres y amores, yo salía, él se cambiaba, se perfumaba y tomaba el camino contrario para encontrarse con La Bonita, que salía 1 hora después. Él entraba a la habitación, ¡a mi habitación!, y cerraba la puerta. Fueron también 3 años durante los cuales La Bonita dejó de cantarle a los productores para solo cantarle a él, ella sí era un artista, su arte la acompañó hasta la muerte.

Aquel día salí de la casa de Palacio, y él llegó luego a la casa de La Bonita; yo me devolví por los nuevos guantes que había comprado para lavar la ropa de las Gutiérrez para quienes trabajaba en ese momento; sin los guantes no iría a su casa. Por suerte ya llevaba un año trabajando ahí, eran una pareja de lesbianas y tenían una buena relación conmigo; eran las únicas que sabían de mis historia con Palacio, y no me daban ganas de matarlas porque sabía que eran lesbianas… ¡a mí me parecía bonito!, así que al final mis patronas eran mis amigas, y a ellas gracias a dios nunca las maté.

Me devolví y escuché a La Bonita cantar, me detuve en la ventana, oí cómo salían de sus cuerdas vocales las notas de la canción "te busco" y entré. La Bonita estaba desnuda; Palacios, encima de ella.

No maté a Palacio; al contrario, me sucedió algo muy extraño, comencé a llorar; La Bonita pensó que me había decepcionado de ella, cogió su ropa, se vistió y corrió detrás de mí. Las lágrimas llegaban hasta mi boca, eran saladas y amargas, así como me sentía. Tenía ahora sí ganas de matar, ganas de matar a Palacio, pero el dolor no podía conmigo.

Me fui a trabajar sin guantes y lavé ropa como jamás lo hice antes en la casa de las lesbianas; lavé y me raspé las manos mientras lo hacía, una que otra prenda se dañó de tanto restregar. Igual, a esa casa no volví.
En la noche llegué a mi casa, La Bonita lloraba y entré "¿qué te pasa?" y la miré "lo siento, mamita, te lo debí haber dicho", y me miró con ojos de tristeza "y, ¿hace cuánto conoces a ese hombre?", me senté en la cama de La Bonita y ella me tomó la mano. "Somos novios hace 3 años, mamita, y estoy enamorada de él"; mi vida cayó al piso, mi hija estaba enamorada del mismo hombre de quien también yo lo estaba y no podía decirle nada; pero se lo dije: "mija, tengo algo muy tenaz para contarle", y le conté todo; ella no me entendió, se acostó y no me dirigió la palabra.

Por unos 10 días no vimos a Palacio por el barrio. Ni yo ni la bonita fuimos a buscarlo, pero ni ella ni yo nos hablábamos, como para tranquilizarnos mutuamente.

Era navidad, una fiesta grande sucedía en la ciudad y como es tradición por estos lugares, todos suelen reunirse en las plazas centrales, preparan comida para todos y cantan villancicos. La Bonita y yo, aunque no nos hablábamos, fuimos al evento.

Alegría por doquier, la comida, exquisita, una que otra vez La Bonita y yo nos sonreíamos mientras mirábamos los espectáculos que se realizaban en la plaza. La Navidad siempre fue una época bonita para las dos.

Los pies de La Bonita y los míos daban pequeños pasos mientras observábamos a la gente. Ahí estaba Palacio besándose con una mujer en una esquina de la plaza. A mí me dio tristeza y a La Bonita una rabia infinita. En sus ojos se veía el diablo disfrazado de doncella. Ella se acercó a Palacio y lo saludó muy amable, "no me gustaba para nada", invitó a la mujer a unas bebidas y todos nos sentamos incómodamente alrededor de una mesa, cerca de donde unos niños jugaban con fuegos artificiales. Palacio no dejaba de mirarme, y yo no dejaba de mirar a La Bonita; por supuesto ella no dejaba de mirar a la mujer que colmaba de besos a Palacio.

Ese día la mujer murió como acostumbra matar la bonita a sus enemigos, en la plaza central, crucificada en el piso, con dos cuchillos en los ojos; amaneció muerta Magdalena, como decían los carteles.

La Bonita continuó frecuentando a Palacio, él intentaba siempre acercarse a mí pero La Bonita estaba siempre presente para impedirlo, y no es que yo me fuera a dejar cuentear por él, pero La Bonita no dejaba ni que parpadeara. Ella no creía en nada.

Pasaron 2 años, para Palacio fue algo muy difícil, él era mujeriego, un perro como la mayoría de los hombres y gozaba de una excelente apariencia, algo que atraía a la mayoría de las mujeres de por allí, pero él en el fondo era inconsciente y no esperó nunca toparse con unas asesinas como nosotras.

Una noche, a eso de las 4 de la madrugada, tocaron a la puerta de nuestro cuarto; yo estaba sola, era Palacio. Y yo que pensaba que

La Bonita estaba con Palacio; ¡no! ella estaba con Rigoberto, otro hombrecito de quien se había enamorado, aunque no dejaba a Palacio y no permitía que él se le alejara.

Esa noche ella decidió ser traviesa y se fue con Rigoberto; tenía ella 30 y pico, la edad en la que uno deja de contar, y a pesar de que yo decía tener 30 y pico también, era obvio que era una mujer de más de 50. Estaba arrugada pero conservaba una belleza apreciable.

Palacio entró y me besó; duró vivo solo un segundo el beso en mi boca porque La Bonita disparó a la espalda de Palacio en el mismo segundo en que su boca se pegaba a la mía. Ella no se había ido con Rigoberto, algo que había creído yo. Rigoberto existió, pero era ya un hombre muerto, por las mismas razones que ahora lo estaba Palacio.
Su cuerpo se desmayó sobre el mío y yo comencé a llorar. La Bonita sostenía un arma grande, no sé de dónde la había sacado. Las clases con Perla sobre armamento no incluían ese tipo de artefactos. La Bonita estaba metida en algo feo; yo me enteré estando aquí. Pobre niña.

La Bonita me disparó justo en el corazón, me tomó 2 segundos continuar con vida, hasta que mi cuerpo cayó al piso, se desplomó y dejó de vivir, 5 segundos después La Bonita se disparó, se suicidó.

Sé que mi hija siempre me amó, y ella sabe que siempre la amé.

El beso que Palacio me dio nunca fue correspondido y fue más un impulso de miedo por parte de él, que del amor del que ya nos habíamos olvidado hace tiempo.

Hoy estoy aquí, en el purgatorio, intentando contar mi historia para poder saber si me voy a aquel lugar donde dicen que todo es mejor, o a aquel donde todo es peor.

"Por mí que decida otro, a mí me da igual".

La Bonita por supuesto tuvo la oportunidad de ser mejor, y por suerte ella está allí en donde todo huele bien, se escucha música y se tranquiliza el alma, porque la pobre sí que la tenía destruida desde que nació.

Yo… yo sigo aquí, escribiendo y escribiendo. Toto se fue ya, y debe venir el nuevo guarda a recogerme para llevarme.
Este papel será entregado al ministro de decisiones, he suplicado para que él me dé otra oportunidad.

Pero esa oportunidad ya la he perdido en ocasiones anteriores, y yo, Lupe, aun continúo en este purgatorio. La decisión de otros por mi vida aun espera muchos años más; de pronto este es el lugar en el que todo está mal, y yo estoy confundida y sigo con esa esperanza que ilumina mi habitación en las mañanas. Ojalá no sea así, y este escrito sirva de algo, como dijo Toto.

Ojalá el lugar a donde me llevarán ahora, sea en el que esté todo bien.

Donde de pronto esté La Bonita, ojalá me pueda ver con ella para que estemos bien.

Quiero por primera vez estar bien.

VESTIDO DE NOVIA
Mónica Rivera

Mi padre espera mi salida,
los invitados son más de los esperados,
el novio anhela oír mis votos...
¿Y el vestido de novia?...

He decidido encerrarme en un baño, mi madre y mi madrina se han cansado de tocar la puerta para que abra, para que encontremos en esta incertidumbre qué hacer por la falta de mi vestido de novia.

Mi acompañante en este momento es un periódico, lo único interesante para leer en un matrimonio... a quién se le ocurre traer un libro a este tipo de eventos... ¡Pues deberían!, no solo para cuando hace falta un vestido, como ahora, sino para algunos de los invitados; cansados de esperar se resignan, sintiéndose tranquilos porque su incertidumbre no es mortal como sí lo es para el novio, quien camina de un lado a otro sin saber con certeza si la novia se dio a la fuga... ¡Sí! porque ya había ocurrido una vez... Pero no esta, esta es por el vestido; sin vestido no salgo... ¿O qué novia sale sin vestido?

He decidido reírme de este hecho, qué más puedo hacer, cuando abro la prensa y me encuentro con un hombre que estuvo en la cárcel por años como el hombre equivocado. Peor aun, una mujer que desde la cárcel aun continúa en la búsqueda de su hija que como ella es asesina. ¡Qué horror! Pensé por un momento que la historia del pastelero sería mi consuelo, pero hoy nada lo es, todo será tragedia para mí, incluso mis propios votos... Esos que tienen en espera a mi hombre... Pobre, qué pensará mientras camina de lado a lado... Por favor amor, ¡confía en mi!

Trágico. Realmente trágico lo que muestran en la prensa... Al pobre pastelero se le han robado su receta, y yo me preocupo porque mi vestido aun no llega. ¡El matrimonio ya empezó!... Trágico finalmente no es, por qué no salir con un bikini sexy. Al fin y al cabo mi hombre me conoce como soy, y soy descomplicada... ¿Pero, en bikini?... Qué pensaría mi abuelita, quien con mucho esfuerzo compró las flores blancas que su nieta, pura, llevaría acompañando su vestido al altar, para que sea de él y de nadie más.

Por lo menos llevo puesto el liguero, lo único que realmente importa. Igual en la noche de bodas, cada uno dormirá; este cansancio solo se pasa con un sueñito, y el amor que desde hace tiempos hacemos, quedara en los votos, en los votos que decidí 3 años atrás escribirle a mi hombre para hoy casarme con él... ¡Dios mío, el vestido no ha llegado!

La valeriana solo sirve cuando ella quiere. Pero si mi mamá no me hubiera servido una tasita, no podría haber continuado. Siento algo de tranquilidad, me han dicho que el vestido ya está en camino. Solo a mí se me ocurre pedirlo por internet a la India. Pero es que los momentos especiales de una tienen que quedar grabados para siempre, y no solo porque los amigos se encargarán de tomarte fotos hasta comiendo, sino porque es el momento que se llevará en el corazón para siempre, el que soñé cuando era una niña, y el que jugué con mis primas, las mismas que esperan mi salida... El momento perfecto, con el vestido perfecto... Aun no llega y yo sigo hablando sola... intentando escribir en esta servilleta.

Mis votos... No tengo nada escrito, supongo que esta incertidumbre llevada al papel no podrá ser excusa para decir unas palabras. Creo que lo tengo claro, porque si fueran excusas no habría matrimonio. A veces las palabras son necesarias, como ahora; esta sí es una excusa, una excusa porque ya se acabó la valeriana.

Conocí a Andrés hace muchos años, pensaría yo, cuando era más pequeña, aunque si arranco la historia contando que fue así nuestra vida, pensarían de inmediato que estábamos destinados a hacer el uno para el otro, tal vez sí.. Pero no en ese momento, y aunque por muchas noches lo soñé, lo viví, y lo traje conmigo, muchas otras lo sufrí y lo dejé ir.

Él, músico, con necesidad de vivir las notas del pentagrama, y yo, una soñadora de amor, del amor en el papel.

Pasaron años en los que esa amistad estaba destinada a eso, viví hombres en mi cuerpo y en mi alma, y uno de ellos alcanzó a llegar a mi corazón; estoy segura, en la vida de él también hubo mujeres así... De hecho recuerdo una de la cual mejor ni escribo.

Fui una novia a la fuga, cantando la canción, y decidí vivir la vida por mí misma, por mis sueños y mis metas. Pensé, realmente "lo pensé", que si permanecía sola, no habría problema.
Pero el amor llega y cuando llega, llega con toda...

"Florencia, ¡mi vestido!"

Continúa en camino, dice mi madrina.

Ahora que pienso, es en verdad escalofriante casarse… sin hablar de lo incómodo... Qué pasaría si alguien interrumpiera la ceremonia, qué pasa si llega alguien, que ni él ni yo conozcamos y diga que... No sé, es el amor de la vida de él, de mí... Qué pasa si yo tengo otro amor en la vida...
Dios mío, necesito casarme ya.
Valeriana hazme efecto, por favor..

"Florencia, Florencia…
Sí, me dijiste que ya viene... Tráeme más servilletas."

Por qué decidí estar con él... Cuando además me fui de fuga, cuando además decidí vivir el mundo para mí, por mí.
Pues bien, creo que es porque entendí que sin él, el mundo que yo soñaba no iba a ser real, que no iba a ser como de verdad lo soñaba, solo él lo hace posible, lo hace completo.

Estar enamorada no es fácil; solo cuando se entrega se ama... Qué triste, él aun continúa caminando de lado a lado, él espera.... Yo espero... ¡Mi vestido llegó!

Casi no encuentro otra servilleta, y a pesar de que en un matrimonio todo el mundo come y bebe sin parar... Han pasado 4 horas desde que dije sí, y solo ahora puedo hacer una pausa.

El momento fue único, definitivamente poder verlo a él fue mi mayor tranquilidad, verle sus ojos, saber que pocos lo veían, y que muchos me veían a mí. Él y los demás a mí, mientras mi papá nervioso me llevaba y me entregaba para que fuera solo de él, de él por ese momento y para siempre. Y él me miró, y yo caminé, y mientras me miró llegaron a la memoria esos momentos por los cuales decidí aceptar. Lo vi, lo vi a él, al hombre que sería para mí por el resto de mi vida.

El notario comentó algo sobre la sexualidad y el fotógrafo al frente rió tan duro que tranquilizó a mis abuelos, y no por el comentario, sino por mi tía... Porque la vida a veces es injusta.
Y cuando retomó habló de la separación, y mi madrina interrumpió recordándole que esto era una unión.

Por qué todos piensan en esas cosas cuando se celebra un matrimonio, y yo solo pienso en mi tía y en su amor de más de 15 años... En esa unión que jamás busca la separación.

Quiero que te quedes para siempre... Lo miré, acepté, aceptó, y somos marido y mujer.

El vestido llegó con algunos problemas; no los diré, me llevaré el secreto a la tumba; pero mi amor por las telas me obligan a conocer cada detalle, y más en mi vestido.

Seguramente todas las novias se sienten inconformes con algún detalle de su boda, y no sé si todas se preguntan en algún momento si fue perfecta... Yo olvidé lo que pasó con mi vestido y caminé hacia él, se me olvidó todo, y viví todo... Porque en ese momento entendí que no importaba de verdad salir en bikini o con el vestido al revés... Siempre seríamos él y yo. El momento perfecto, con el hombre perfecto… Un susurro eterno.

AHOJ
Yadira Muñoz

Le escribo esperando pueda encontrar alguien
que le traduzca esta carta.
Mi amigo Antonio tiene un amigo que nos ayudó a
traducir la que usted me envió en inglés.
Menos mal no la mandó en checo.
Ahoj Mitchel.

Empiezo esta carta con tristeza. Para mí no fue fácil irme de Praga sin despedirme de usted. Discúlpeme, no tengo palabras bonitas, por lo menos no puedo escribirlas igual que lo hacen sus manos, no lo sé hacer... Sé que lo extraño

Ahora estoy manejando un negocio con mi mamá. Al final me di cuenta que quien podría sacarnos adelante era ella. A mí la vida solo me dio las manos para lavar bien los platos; los platos y la ropa... Usted viera en cambio las cosas tan preciosas que hace ella. A la pobre también le ha tocado lavar... Ya estoy aquí de nuevo, estamos las dos juntas.

Hace dos años la ilusión de irme fuera del país era un sueño anhelado por muchos, por lo menos muchos de este pueblo, que no saben valorar lo que tienen... Bueno, yo era igual, aprendí mi lección estando allá.
Era solo una peladita. Había podido con esfuerzo terminar la escuela, un título que después validaba como bachiller... Algo de este pueblo.
Pero escuché el susurro de unas amigas diciendo que iban a viajar a Estados Unidos.
No me pude contener, y me metí de lleno en saber cómo funcionaba la cosa.
Había pasado hojas de vida por todo lado, pero a una empleada del servicio le pagan muy poquito en Colombia.

La verdad, nunca fui ambiciosa, mi único interés era darle algo de comer a mi madrecita. Ayudarla. No me importaba qué trabajo fuera o hasta qué horas, ella era lo más importante para mí. Dios no me dio el don de la belleza, así que pasé desapercibida la mayor parte de mi vida.
Era una indiecita más, como de esas que ya no se ven por acá, pero que son un molde imaginado en el mundo.... Si, señor, aprendí mucho estando allá, aprendí mucho con usted, también cuando estuve lejos. Cuando estuve en la cárcel.

La agencia que ayudaba a las niñas a viajar al exterior era una mafia de trata de blancas. Por supuesto, de ello solo me enteré cuando llegué a República Checa; por fortuna me lo encontré a usted.

Dicen en este pueblo, ya después de haberse cerrado la agencia, que muchas murieron en el exterior, la mayoría en Estados Unidos bajo las sábanas de algún narcotraficante... Las ironías de esos sueños que son tan ilusos como yo, y de esta carta que espero le llegue... Me imagino que usted sintió la misma incertidumbre cuando envió la suya... Llegó dos meses después, según la fecha, hoy es 23 de junio.

A mí no me importaba si viajaba a Estados Unidos o a la China: yo necesitaba trabajo, y para mí la idea de trabajar en el exterior era tan fascinante que nunca caí en cuenta de la estupidez que cometía. Era una niña, o si a los 18 ya no se es una niña, sí era una jovencita muy inocente.

Mi destino fue Praga y yo acepté.
Al día siguiente era mi viaje. Después de más de 15 horas en aeropuertos y aviones, llegué a lo que iba a ser mi destino. Tan inocente era que hasta ese momento no sabía en qué trabajaría. Estaba motivada por la idea de que lo iba a hacer. Me enteré cuando llegué al aeropuerto.

La primera noche, con el primer hombre, ¡me tocó!... Y cuando él se durmió huí.

Puede sonar extraño, pero así como llegué desaparecí en una ciudad que me enamoraba por su arquitectura, pero que me alejaba de toda la vida que conocía, de todos... No sabía una palabra en checo. Me senté en un parque y esperé el amanecer. Dejé que el atardecer me acompañara. No me importó la comida, ni nada. Tenía ropa, estaba sucia, era una puta.

Ahoj... Fue lo primero que escuché, y usted estaba al lado mío ofreciéndome una tasa de café. No sé qué vio en mí o por qué se acercó. Los Colombianos no somos así, por lo menos no en estos días en que vivimos prevenidos, de todos, y de todo.

Usted era policía, llevaba uniforme. Las demás palabras fueron igual de desconocidas. Intentó explicarme algo, y yo intenté explicarle lo que me sucedía. Y por más amable que fuera, me llevó a la estación de policía, y ahí entendió que jamás podríamos comunicaros.

Usted me miró todo el tiempo, aunque intentó disimularlo, me di cuenta... Y aunque sea una niña, sabía que usted no pasaba de los 25... Según su carta me equivoque por un año.

Lo único que entendí, fue que un avión me esperaba para regresarme a Colombia. Creo que fueron mis llantos y mis súplicas en español los que por alguna razón lo motivaron a encargarse de mí durante un mes.

No sé aun por qué lo hizo, Mitchel, y después de todo lo que sucedió... Sigo con la misma pregunta... Creo que nunca habrá una explicación, así exista una en su boca... Para mí eso, eso es...gracias.

Usted era un hombre casado, me imagino que intentó decírmelo rumbo a su casa. Yo no entendía qué pasaba y a dónde me llevaría. Pero al llegar a ese lugar entendí todo, y me sentí feliz, sabe... Había ido a Praga para ser una empleada del servicio... Lo era... Lo era gracias a usted. Hasta ahora me entero que usted también estuvo en la cárcel.

A veces a uno le pasan cosas en la vida que nadie creería, esas que uno no se cree cuando va a cine... Aquí era real, usted era alguien importante, y yo era una empleada afortunada.

Usted amablemente me mostró mi habitación, y me instaló entre cuatro paredes más grandes que mi casa completa. Pronunciando muy mal me dijo "Jadila, este es su cuarto", sonrió por primera vez y continuó hablando en checo... Yo, yo miraba a mi alrededor, la decoración era especial. Y todo era para mí.

Así de inocente, como cuando me fui, me instalé en su casa, nunca pregunté por qué había hecho eso ni cómo la vida lo había permitido... Las últimas capturas que mostraron en televisión me confirmaron lo que después muchos decían por aquí... Yadira, no sea boba. Ese europeo la usó para agarrar a la gente, pilas la matan...
En esa guerra que usted armó a escondidas, cerró la agencia donde me engañaron, pero puso en peligro a mi familia. Y repito, yo estaba en la cárcel...

Sé que esa parte la desconoce.
Pero fue su culpa.

Aunque como le escribí, hasta ahora me entero que usted estuvo también en la cárcel.

Al día siguiente me levanté a las 4 de la mañana, como se acostumbra acá. Hice el desayuno con lo que encontré. Ahí conocí a su esposa; Zora, gritó apenas me vio... Gritaba tan fuerte que me recordó a esas señoras que lo hacían con mi mamá.

Usted bajó. Se veía nervioso, parecía que intentaba protegerme, me miraba de reojo. Usted quería que no me fuera y que no viviera esa pelea.
Pero sabía que no entendía nada, y nada es nada.

La señora de la casa era una mujer muy guapa, de esas que uno ve en las revistas, pero no era modelo ni nada por el estilo... es que definitivamente dios le da pan al que no tiene dientes... Aunque eso pensaba yo en cada esquina de Praga, que cada persona era sacada de una fotografía. Y ella era especial... Pero especialmente brava, qué genio el de la pobre mujer.

Le explicaba a mi mamá aquí, cuando le hablé de usted, le conté que llevaba 2 años de casado cuando yo llegué a su vida, y bueno lo mismo que usted me decía a mí... Como dicen por acá, carreta.

Recuerdo cada día de los que trabajé en su casa. Recuerdo cómo le gustaban los desayunos, a qué horas llegaba de regreso, y por lo tanto tenía listo el café, sabía cuando estaba triste, cuando le habían hecho el amor, y siempre supe que ella le fue infiel... Lo siento pero no soy quién para decir lo que sucede, eso debía pasar porque usted quería saberlo... Y bueno, lo supo ¿no?

Definitivamente esa descarada sí era muy viva, pensó que nunca en los 6 meses de relación con aquel muchacho, usted se daría cuenta, y mire. El día que ella menos lo pensó, usted llegó temprano del trabajo. Sé que tenia ganas de ir al baño, porque esa cara también se la conozco, medio me saludó, y subió rápido. Tan rápido que no pude advertirle, tan rápido como si su cuerpo y su alma lo jalaran para que la viera a ella, encima de él en la tina que usted había comprado.

Solo dos gritos fueron suficientes para que esa relación se acabara, para que usted y yo nos fuéramos de ese lugar. Y entonces vuelvo a pensar... Porqué me llevó a mí, y después recuerdo que usted tenia planes conmigo. Planes diferentes a los que yo tenía con usted.

Nunca antes había imaginado ir a París... Pero fue tan fácil como tomar un tren y llegar a la ciudad donde las luces se ven diferentes. Praga era un lugar enigmático para mí, jamás había escuchado de él, pero París lo había visto en la televisión, en las películas, y ahí estaba yo, sentada frente al parquecito que está frente a la torre Eiffel.

De esos meses en París recuerdo todo, las caminadas largas, recuerdo que salía sola y me sentía tan segura que no me detenía, iba a misa a Notre Dame así no entendiera lo que decía el cura, y me divertía viendo a los hombres en Le Marais. Por supuesto el verano era especial, poder ver el sol esconderse a las 10 de la noche era algo que no me creía cada noche, y poder montar en bicicleta mientras sucedía, fue algo que nunca me imaginé, y eso sí que nunca lo olvidaré, qué bueno que usted tenía una tarjeta de crédito para que me alquilaran una.

Pero usted, usted estaba siempre ocupado, decidió por esas fechas prohibirme preparar la comida y tender la cama; al contrario, cuando yo llegaba, usted ya lo había hecho por mí, y así llegara a las 3 o llegara a las 7 de la noche, usted siempre tenia todo listo.

Nunca, hasta esos días en París, había visto el hombre detrás de los ojos azules, siempre fue el señor de la casa, y mi ingenuidad me llevó hasta pensar que usted necesitaba de mis servicios de empleada estando en París; estaba equivocada... Por lo menos para mí, en ese momento algo cambió, el señor se convirtió en Mitchel, y Mitchel en el hombre de quien me había enamorado.

Una noche, donde no hubo copas pero sí muchas miradas, usted se lanzó a mí, con su cuerpo que es grande, y con sus 26 años que intimidaban mis 19. Así, se acercó, me besó, me tomó y me hizo suya, y al día siguiente huí de usted así como había huido del primer hombre que me había hecho de él.

Huir fue un error, la verdad no lo quería hacer, pero cada vez me vi más lejos de donde estaba. Y esta necesidad de ser libre, me llevó a tomar un tren y viajar a España. El peor error fue entrar a Barcelona, ahí me detuvieron, me pidieron los papeles, y decidieron llevarme a la cárcel.

Estuve en la cárcel solo dos semanas, el problema era, nada más ni nada menos, mi ilegalidad... Resulta que nunca se reportó nada de mis años de vivir en Europa, y mi permiso solo era de 3 meses, intenté explicar lo sucedido con usted, pero no se encontró ningún reporte. Eso sí, los policías me dijeron que generarían el documento correspondiente para que la Embajada Checa supiera de esto. Creo que ahí lo metí en problemas a usted. Discúlpeme.

En la cárcel de Barcelona conocí a una mujer, se llamaba Lucrecia, una mujer extraña pero buena, ella me guio en esas dos semanas a encontrar el norte que la niña, hecha adolescente y convertida en mujer, debía afrontar. Se volvió mi madre y protectora en ese lugar, y lo digo porque muchas mujeres metidas en el mismo lugar son tan peligrosas como una bomba nuclear.

En las noches, cuando las hienas salían en búsqueda de su presa, en momentos cuando las mismas guardas dejaban como leonas ya hartas que las acompañantes roñeran sus migajas. Lucrecia y yo nos poníamos a jugar cartas, ahí conocí un poco de su vida mientras aprendía a jugar lulo, como la fruta, esta vez en sabor de juego de cartas.

Lucrecia fue una gran mujer, en el momento y lugar equivocado, y esa equivocación, su equivocación al dispararle a su esposo y la mujer frente a él, la llevaron a vivir en la cárcel 30 años. Ahí murió, frente a mí, la misma noche en que me contó la verdad... Nunca había querido dispararles, el arma estaba vacía, o eso pensó ella... Ahí murió, algo fulminante en el corazón que se la llevó de este mundo para que viviera en paz en el reino del señor. Tarde o temprano se iba a ir, ella me lo decía cada día, lo sabia, pero nunca pensó que fuera su corazón sino su seno, convaleciente de más de 2 recaídas de cáncer.

Lo recordé mucho sabe, lo pensaba a cada rato, no sé, fue todo tan rápido, tan lento a la vez, aunque no haya quedado tiempo sino de recordar el sabor de sus besos, de recordar sus ayudas, las forma como me miraba, las cosas que me decía, aun cuando nunca le entendí nada.

Para mí, ahoj era todo, no solo el saludo y la despedida. Usted ahí me contaba su vida, y aprendí a conocerlo por mi interpretación de sus palabras. Aprendí con ahoj a sacarle el jugo a sus intensiones al pronunciar cada letra de esa palabra, 4 para ser exacta. Cada una de ellas sonaba diferente cada vez que usted la decía. Su jugo se exprimía a veces con amargura, a veces con alegría... Lo aprendí a conocer, con su cara, su pronunciación, y me hacía falta. En Barcelona la gente hablaba español.

El chisme de que yo estuve en la cárcel corrió rápido por el pueblo, y aunque me dio pesar que mi mamá lo supiera, eso me ayudó a no meterme en problemas por su culpa, pues a los pocos días que llegué, me enteré que por una investigación europea se cerraban mas de 20 agencias de trabajo, entre ellas la agencia de mi pueblo, la que me había llevado a Praga, la misma que me vendió como una cualquiera, y la misma que me llevó a usted, y a usted a la cárcel. Menos mal se solucionó todo.

Me asuste al oír eso, pues para mi Europa ahora es Praga, y no se, eso que le dice a uno el corazón, que todo era por usted. Me imagino que en el fondo, su intensión era ayudarme, y ayudar a que otras personas no terminaran mal, como lo pude haber hecho yo, pero gracias a dios estoy viva y hui... Es que las paisas somos echadas pa lante.

(Si no le traducen eso, yo se lo enseño después)

Pasé por muchas sensaciones cuando volví a mi realidad acá... Lloré, me arrepentí y me lo aseguré. Pero aun con todo lo que sentía, tenia claro que usted era algo que me generaba de todo, lo bueno y lo malo. Pero eso es el amor, lo bueno y lo malo... Así que responderé a su primera pregunta... Si, yo también lo amo.

Y en cuanto a mi mamá, ella ha leído su carta más de una vez, bueno la traducción que nos hicieron por acá. Ella me dice que no lo cree y que a ella le da mucho miedo montarse en el avión, por lo que esta viejita. Creo además que será su primera vez, pero decidió apoyarme pa las que sea.

Pero eso si, dice que son solo vacaciones, que aunque no conozca Europa, su pueblito es lo mas importante en su vida, pero me habla de ampliar el negocio... ¿Que piensa usted?, ¿se podrían vender las manualidades de mi mamá allá? Ahí le mando una muestra con esta carta.

El tiquete que nos envió llegó con la carta, así que respondo a su última pregunta.

Si, Mitchel, acepto y nos vemos en diciembre en Praga.

MINUTOS TRES
Jerónimo Valbuena

Y si pudieras volver de la muerte…
Si pudieras unir el pasado, el presente y el
futuro y hacer click.
Si pudieras ir al infierno para recuperarla…
¿Lo harías?

"Jerónimo, ¡despierta!"

De la muerte se han dicho muchas cosas, algunas han sido llevadas a las letras y luego a las presentaciones en escena.
Se le ha temido, se le ha juzgado y de ella se ha intentado huir… Como si fuera posible huirle a la muerte…
La verdad es que esa acompañante, es una presencia en la vida de todos los seres humanos, conscientes de ello o no; la muerte nos acompaña a todo lado, y sí… está pendiente de que caigas para darte la mano.

Me considero un hombre capaz de enfrentar la muerte, por miedosa que me parezca, pero soy capaz…. Soy capaz de hacer todo cuanto sea necesario para recuperar a Julieta.

Qué ilógica tarea la que me han puesto hoy, se vuelve estúpido estar aquí; por eso tengo que someterme a este tipo de cosas… ¡a escribir!
He sido confuso, pero creo que parte de este escrito busca esto, creo que la busco yo, busco confusión, me la han puesto de tarea… busco confusión porque creo que de esta manera puedo salir de aquí…
Olvidaba presentarme… mi nombre es Sergio Figueroa.

Mis disculpas a quien decida leer esta "tarea"; me disculpo y siento ser redundante. De las letras, solo soy fiel a aquellas con las que aplico, con las que aplico especialmente a través de mi voz, las letras que están en los libros y que después se vuelven palabras… en un estrado.

Creo que hay un tema importante para decir aquí, y es que soy abogado; abogado de una multinacional llamada Huntrom, en mi labor se ven los casos más difíciles de este país tan decadente y oscuro; mejor ni los menciono.

Algo que decir también importante antes de continuar, y esto como prevención para ustedes

que han querido seguir cada letra que se convierte en palabra y después en "tarea".
Soy Sergio Figueroa, el abogado Sergio Figueroa; estoy en un cuarto muy pequeño, una celda, una similar a las que se han visto por aquí, en estas páginas; como donde está la Lupe y otros personajes más, parte de este susurro; una celda como aquellas que muchos tienen en su cabeza, las mismas a las que tanto tememos llegar… en una de esas celdas estoy yo, el abogado Sergio Figueroa.

Mi condena: asesinar a Julieta Maldonado y Ernesto Vélez… discúlpenme que me ría, la verdad no lo había hecho antes; de verdad, esto de escribir resulta más tranquilizante que hablar con Pablo, mi compañero de celda. Yo no maté a Julieta. Julieta es mi esposa, a Julieta la amo. Tengo que recuperarla… Pablo, tengo que recuperarla….

Cuesta bastante escribir lo que uno siente que ha vivido muchas veces…

Es difícil llevar la cuenta de cuánto llevo en este lugar; a veces parecen días, horas… a veces parecen años. Aquí entra poco la luz, digamos que la que llega es rojiza y colorea todo… las paredes, las camas, el piso… todo. Pablo dice que esto es el purgatorio, y que para salir de aquí habría que ir al infierno… absurdo, ¿no?... nos dejan bañarnos una vez al año, y aunque parezca cochino, uno no siente sudor ni suciedad a pesar de este calor infernal.

En esta cárcel es complicado llevar la cuenta del tiempo, aquí te paralizan si gritas, si hablas, si susurras, aquí está prohibido susurrar… te paralizan por lo que sea, y Pablo también dice que te pueden dejar así de por vida.
Yo pasé por eso una vez, y de verdad doy fe de que es lo más horrible que puede imaginarse; no sé, uno no se acuerda de nada, y cuando

despierta, cuando abre los ojos, no se puede mover, cuesta trabajo parpadear y se comienza a llorar; aun así no se puede detener el sentimiento ni limpiar la tristeza que cubre la cara, te paralizan y es de verdad… Toma varias horas antes que el efecto desaparezca por completo, y cuando sucede uno no quiere volver a pasar por ahí… por eso es tan difícil salir de aquí.

Cuesta bastante escribir lo que uno siente que ha vivido muchas veces…

Pablo, mi compañero de celda, habla mucho de la vida y de la muerte, de lo que uno debe hacer, de lo que no, del miedo y del horror… a veces Pablo se torna escalofriante, pero es lo único que tengo aquí, es la única persona que escucha mi historia sobre Julieta, que oye una y otra vez que tengo que recuperarla… y es que tengo que recuperarla.

Qué dificultosa se vuelve la escritura con esta oscuridad, con esta luz con la ya no se ve, la que te juzga por algo que no has hecho, y tú solo puedes escribir, escribir la forma de salir de aquí…. Sí, Pablo es mi compañero de celda, él llegó aquí gracias a la inyección letal. Todos tenemos una forma de irnos del mundo y volver acá, o eso dice él… Yo, yo llegué después de pasar por la silla eléctrica… esa fue mi condena por algo que no hice, ¡me mataron!, o eso creí yo, y me fui, y cuando volví, no podía moverme… conocí a Pablo y bueno, él llegó gracias a la inyección, creo que hay que darle gracias, debe ser mejor que esa maldita silla eléctrica tan atormentadora.

Cuesta bastante escribir lo que uno siente que ha vivido muchas veces…

"Sergio, despierta"… Sergio abre los ojos. Aunque confundido, el poder ver a Julieta frente a él, le da tranquilidad. Ella, la mujer mas hermosa en su mundo, está sentada frente a él, le tiene servido un desayuno suculento, típico de una mujer enamorada… Ella, Julieta la enamorada. "Te sientes mejor hoy", y con sutileza lleva una cuchara a la boca de Sergio; él, aunque confundido, recibe el alimento de la mano de su mujer, de la Julieta enamorada. "Me asusté mucho cuando tuve que llevarte al hospital"… "¿Qué me pasó?"… mientras consume su desayuno… "Tu corazón se altera por el caso, ya lo sabes"… Él abre los ojos con terror… "El caso de Jerónimo Valbuena".

Y Sergio cae desmayado.

Julieta Maldonado es la abogada más bella que ejerce en Huntrom, la más hermosa y la más dura en los juzgados; dicen que acaba al que sea, y que gana el caso que se le ponga al frente… Ama a Sergio sobre todas las cosas; es su vida, es su compañero, su acompañante, su soledad y su lluvia, su alegría y su luna, es todo… él es todo. Juntos han recibido el caso más importante del año en Huntrom, juntos; y ello gracias a que Vilma y Manuel la cagaron la última vez y eso significó DESPIDO.

Sergio y Julieta, es decir Julieta Maldonado y Sergio Figueroa, los abogados, reciben el caso más importante de Huntrom… judicializar al criminal más buscando y perseguido de la ciudad, el hombre que ha matado a quince mujeres, las ha grabado, las ha visto sufrir y ha gozado con ello, y su cuenta no se detiene. Lo deben llevar a la cárcel de por vida o la silla eléctrica si es esa la decisión del juez. Lo cierto es que Jerónimo Valbuena es el criminal más temible del país.

Noches de pasión, amores desenfrenados, bailes románticos, búsquedas de pistas, trabajos en colaboración, decisiones, deseos de hijos, de familia, de casa propia, una pareja normal, soñada. Así son Julieta y Sergio, así son los abogados Figueroa y Maldonado… así tendrán que llevar a la silla eléctrica a Jerónimo Valbuena.

Cuesta bastante escribir lo que uno siente que ha vivido muchas veces…

Y sí, ese día ha de llegar, aquel en el que el baile deja de ser romántico. En el que no hay miradas, ni suspiros, ni formas de soñar. Sí, para este escritor no hay forma de volver después de dos años de ausencia, de su pérdida en el más allá… Este escritor debe morir. Porque siempre será duro dejar a aquel que es amado, ¡siempre! Y aun en el recuerdo, en el más allá… si se pudiera traer lo ya perdido… ¿se podrá? Si se sale de esa cárcel en la que hombres han muerto sin volver a ver la luz… A veces no es tan difícil morir, a veces no es tan difícil pelear. A veces, para este escritor….

He tenido que parar de escribir, el calor de este purgatorio es más que infernal, parece el cielo mismo peleando con el infierno, y yo estoy en la mitad… ¿por quién pelearán? Hoy estuve paralizado por un rato, no fue tan tenaz como la otra vez, eso dice Pablo, pero no recuerdo nada, nada es nada, ni que haya salido, ni que haya estado en otro baño, ni que haya tratado de recuperarla, no recuerdo nada. Pablo dice que lo he intentado varias veces… ¡sí!, varias, porque él dice que aquí llevo años… ¿La he encontrado? La respuesta es lógica… aun sigo aquí.

A veces no es tan difícil morir, a veces no es tan difícil pelear. A veces, para este escritor….

Hoy recibí una carta, estaba bajo la puerta de la celda. Un pequeño sobre que dejó una mano desconocida mientras Pablo roncaba. Lo tomé y lo leí, creo que por eso escribo, por esa carta, hay algo más que encontrar en los papeles. La carta decía que Julieta no estaba muerta. ¡Bingo!, tenía razón, la carta también decía que debo recuperarla… y bueno eso intento hacer. ¿Cómo lo hago?, aun no lo sé, supongo que descifrando por qué estoy aquí, cómo salgo de aquí.

A veces, para este escritor….

Julieta y Sergio tenían ya varias pruebas para judicializar a Valbuena, habían investigado, se habían esforzado… claro, con precaución, mucha precaución, siempre fue el miedo de Sergio. Y encontraron lo que buscaban… lo tenían claro, pero habían cosas en su vida de pareja que no eran claras para ellos mismos, no sabían como tendrían un hijo, no sabían como lograrían tener el dinero que ellos consideraban necesario para comenzar una familia y comprar una casa, no sabían muchas cosas… especialmente Sergio, que comenzaba a notar cosas extrañas, momentos extraños, conversaciones extrañas…

Y así, en un día laboral de estos dos abogados, tocan a la puerta de su oficina en Huntrom, y entra un joven muy apuesto, impactante, que paraliza la mirada de Sergio e ilumina la de Julieta. Roberto, el nuevo abogado junior de la firma, que han puesto a la orden para colaborar con Julieta y Sergio, Sergio mira a Roberto…

A veces no es tan difícil morir, a veces no es tan difícil pelear….

Recibí una segunda carta en el tiempo que he pasado aquí, en el tiempo en que Pablo continua diciéndome que salgo y que no lo logro, que es mejor que me quede, que acepte que Julieta ha muerto, y que como el peor criminal estoy en la cárcel pagando por ello. La nueva carta decía que me tenía que disparar, y ahí sí que era incomprensible a qué se referían… ¿lo sabe usted, lector?...

Pablo me ha dicho que maté a Julieta disparándole en el estómago, que comencé a sospechar que tenía un amante, y que comencé a investigarla, los encontré a los dos cuando menos lo esperaban y los maté sin piedad; "eso dice él". Y yo, yo prefiero no creerle, allá usted.

Cuesta bastante escribir lo que uno siente que ha vivido muchas veces…

Se tenían todas las pistas, se sabía a qué hora y cómo se haría todo, solo se podía hacer una sola cosa, ¡Esperar!…
Y no a la muerte…
Pues ese lugar era solo eso…
Eso y a la vez todo.
Lo era, lo era todo.
Por eso se tenía que salir, se tenía que salir con vida
¡Se tenía que volver a ella!

En el carro van Julieta, Sergio, y en el asiento trasero, el nuevo acompañante, mirando con desconfianza a Sergio; este a su vez, a Roberto.

&/&%$WYUGYF
V%R%$W·$"·"$%$%·"$&/()=?(/&%R$·"·$%&/&%$

JULIETA, JULIETA, JULIETA, JULIETA, JULETA, JULIETA, JULIETA.

Pablo, lo recuerdo…. Lo recuerdo, recuerdo todo, recuerdo que salí, recuerdo que pasé un desierto que estaba lleno de huesos y fósiles, de animales muertos… lo crucé, hacía calor, y el calor demasiado fuerte se hacía más intenso con cada paso que daba, con cada intento de correr. Lo hice muy rápido para que las voces que me perseguían no me alcanzaran; el calor se volvía cada vez más fuerte, comenzaba a quemarme, pero me atraía; y yo me sentía atraído hacia él, y él hacia mí, y me llevaba, me llevaba el calor a su fuente, a su núcleo, a su infierno; corría para que los hombres no me alanzaran, y llegué a una ciudad. Una ciudad, roja, caliente, decadente, única, miré alrededor, Pablo… era el infierno, la soledad estaba metida en las personas, en esas que sin rumbo en sus miradas caminaban sudorosas, alcoholizadas, atormentadas. Las almas vivían en ese lugar, sin vida.

Y hoy que lo recuerdo recibí una carta, una carta que decía que había enemigos cerca de mí, que tuviera cuidado, que Julieta no está muerta y que me dispare, ¿y hoy usted me dice a mí que no es cierto, que intentan engañarme?, ¿o me intenta engañar usted, Pablo?

Se tenía que volver a ella...

Sergio, el abogado Sergio Figueroa ha sufrido un accidente automovilístico, un choque; al parecer ha perdido la memoria; el medico frente a él, le dice que él no estaba con Julieta y que los papeles dicen que es un hombre soltero; Sergio huye del hospital, el único lugar al que puede llegar es a Huntrom, y decide entrar donde su amigo el señor Ernesto Vélez, su superior, amigo de su esposa, quien lo puso en el caso de Valbuena; seguro, Vélez ayudará.

En la entrada, mientras Sergio mira a la recepcionista, y esta lo mira con desconfianza, todo vestido de blanco, él nota que algo está raro, que algo no está bien. Al entrar a la oficina de Vélez, recibe una desconcertante explicación; Vélez al parecer ha olvidado que Julieta y él están en el caso de Valbuena, peor aun, le ha dicho a Sergio que él no es abogado, que su esposa no está desaparecida, que él es un personaje de ficción, que su nombre es otro. Sergio Figueroa se altera y huye.

¡Se tenía que volver a ella!...

Pablo ha dejado una carta sin que yo lo notara, bajo la puerta de la celda, justo en el mismo lugar, con el mismo papel y la misma letra. Me ha dejado un mapa y una llave; se supone que no sé eso, pero soy el que escribe, y como escribo a veces siento que todo lo sé, por lo menos todo cuanto me sucede… ¿por qué será eso?, ¿ya lo habré vivido?

Sin pensarlo tomé la llave, abrí la puerta y salí; la cárcel estaba sola, todas las personas de este susurro ya no estaban, se habían ido, habían desaparecido; lo cierto fue que en ese momento comencé a correr, y ese recuerdo de correr por un desierto y llegar al infierno fue real, volví al infierno.

Sergio ha huido de Vélez y de los guardas de seguridad, ha entrado a una oficina que se encontraba vacía, se ha sentado frente al computador y ha comenzado a buscar información relacionada con Julieta Maldonado. No encuentra nada y busca información sobre él; por extraño que pudiera parecer, Sergio digitó su nombre y no encontró nada en el sistema de información de Huntrom; como si todo hubiera sido borrado.

Con prisa, nervioso, digitó el nombre del criminal jamás judicializado, el mismo que Julieta y él llevarían a la silla eléctrica; Jerónimo Valbuena. Y al pulsar ENTER en el nombre, la foto de Sergio apareció, y así en todos los archivos; tan pronto los nervios comenzaron a apoderarse de él Vélez entró a la oficina. Lo llamó por el nombre de Jerónimo Valbuena e hizo pasar a Julieta. Sergio se tranquilizó un poco al verla, la abrazó, la intentaba proteger del hombre frente de él, y en el momento en que ella decide llamarlo por el nombre de Jerónimo Valbuena, Sergio saca un arma y amenaza con matar a Julieta, la saca del edificio de Huntrom y se detienen en un parque frente a muchos edificios. Sergio, o como dice el informe del computador, Jerónimo Valbuena, intenta matar a Julieta Maldonado, su esposa.

Jerónimo, despierta…

Siempre me dijiste que volverías, que volverías de la muerte si era necesario.

Supongo que a veces todo lo que escribes no logras vivirlo, pero de verdad, siempre te creí, creí que sí volverías, de esta y de todas las muertes… ¡y te esperé!, seguro que con esta espera te hice sufrir.. perdóname, Jerónimo… ¡Perdóname!

¡Y sí!, la vida se estaba uniendo para sacarme, para sacarme de este infierno y volver de esta muerte, la vida se estaba uniendo; el pasado, el presente el futuro, se estaban uniendo para hacer click.

Y en esa ciudad decadente llegué a una taberna que estaba encerrada en el mapa bajo la puerta de la celda; entré y pregunté por el dueño; un anciano me dijo que debía regresar, que el momento se acababa… me iban a desconectar. En aquel preciso instante recordé un choque; mientras conducía recordé estar escribiendo una novela, una novela sobre un asesino llamado Sergio Figueroa; recordé a mi esposa, a Julieta Maldonado, una abogada tan inteligente que me inspiró con su mismo personaje, y recordé que mientras escribía la trama de un posible amante, un carro me chocó, y recordé que yo era Jerónimo Valbuena, y era yo la persona con un amante a mi lado.

Y así como lo recordé, miré al anciano, el anciano era Pablo, y me dijo que no regresaría del coma en el que estaba y corrí, y mientras corría me di cuenta que estaba de nuevo en el desierto, y corrí, y los hombre me perseguían, y llegué de nuevo a la ciudad y entré a un hotel abandonado, subí las escaleras tan rápido como pude y evitando que los hombre que ya estaban cerca me capturaran, entré a un cuarto, el numero 7, y cerré la puerta. El cuarto tan rojo como se podía, solo tenía una cama y un nochero, abrí la gaveta, había un arma…

¡Hay que dispararse!...

Sergio amenaza matar a Julieta, la tiene de sus brazos, él llora, ella intenta decir que despierte; tan rápido como ella lo dice, un francotirador apunta al estómago de Julieta y la mata.

Sergio no puede controlarse, la deja en el piso, la llora por un momento, se levanta y decide apuntar a Vélez, que está frente a él, continúa llamándolo como Jerónimo, el verdadero escritor de esta novela, en la que Vélez es un personaje, y puede repetirlo cuantas veces Sergio no acepte que es Jerónimo.

Sergio llora, y mientras le apunta a Vélez, decide meter el arma en su boca, oprime el gatillo y dispara…

¡Hay que dispararse!...

A los hombres los oía intentando derribar la puerta, la luz roja se volvía sangre. Sin pensarlo dos veces, accioné el gatillo, me disparé en la boca…

Jerónimo, despierta…

¡y desperté del coma!.

PRAGA
Margarita y Pablo Botero

```
AZAFATA
Buenos días, señor Botero.
¿Prefiere pasillo o ventanilla?
```

BOTERO
Ventanilla.

AZAFATA
Perfecto.
Aquí están sus comprobantes.
Le confirmo; silla 5, ventanilla,
Bogotá-Praga, 5pm.
¡Que tenga buen viaje!

BOTERO
Gracias….
¿Alo?
Ya estoy a punto de abordar el avión.

BOTERO
Yo también… y me muero por verte.

BOTERO
Vale, nos vemos ahora.

PILOTO
Señores pasajeros, estamos próximos a aterrizar
en el aeropuerto de la ciudad de Praga.
Aterrizaremos a las 18:30, hora de Praga.
Abróchense sus cinturones, y gracias por viajar
con nosotros.

BOTERO
¿Babas?
Hola babitas, ¿cómo estás?

BOTERO
Bien hermano, bien, llegando a Praga

BOTERO
Si, acaba de aterrizar el avión, prendí mi
celular y sos la primera llamada, aun no me he
encontrado con Margarita.

BOTERO
Si, imagínate, vamos a ver qué pasa. Esperemos
que todo salga bien, por ahora ya llegué y debo
buscarla porque yo no conozco este…
¡Ahí esta!

BOTERO
Loli… ¡ahhhh! no lo puedo creer.

BOTERO
Babas, te llamo más tarde.

BOTERO
Este es el mejor momento de mi vida. Te extrañé
mucho.

MARGARITA
Es en este carro… pon las maletas atrás.

MARGARITA
¿Estás cansado?

BOTERO
Un poco

MARGARITA
Si quieres, puedes tomarte una ducha apenas
lleguemos y miramos si salimos después, ¿te
parece?

BOTERO
Me parece lo que sea, contigo.

MARGARITA
Yo también te extrañé mucho Pablo, ¡mucho!

MARGARITA
¿Qué hora es?

BOTERO
Las 8 pm, dormiste como 3 horas.

MARGARITA
Y tú no?

BOTERO
Casi no.

MARGARITA
Loli, perdóname, me acosté a darte un abracito y mira, la que terminó rendida fui yo.

BOTERO
Me encanta verte dormir

MARGARITA
Me hacías como falta, ¿sabes?

MARGARITA
En esta época siempre hace frío, ¡mucho!, a mí me tocó acostumbrarme. Al principio me daba súper duro.

BOTERO
Pero sería el colmo que después de dos años no te hubieras acostumbrado.

MARGARITA
Me costó un año, por ahí.

BOTERO
¡Duro!

MARGARITA
Y tú, ¿no tienes mucho frío?

BOTERO
No, ¿sabes que no? Al principio sí me dio.

MARGARITA
Llevas 6 horas.

BOTERO
A mí me costo menos acostumbrarme, parece.

MARGARITA
Te ves hecho un papacito con ese abrigo.

BOTERO
De verdad, me encantó cuando me lo mandaste,
pero en Bogotá es como difícil ponerse algo
así, me vería como un imbécil.

MARGARITA
Como un papacito

BOTERO
Como un papacito imbécil.

MARGARITA
¡Papacito al final!

BOTERO
¿Cómo se llama este puente?

MARGARITA
Divino, ¿no?
Se llama el puente de Carlos…
A mí me encanta venir aquí a sentarme a leer.

BOTERO
¿Qué fue lo último que te leíste?

MARGARITA
Estaba otra vez con Rayuela.

BOTERO
¿Ya lo terminaste?

MARGARITA
No, todavía llego a la segunda página y no lo
supero.

BOTERO
¿Cuántas veces te has leído la primera página?

MARGARITA
Pues… a ver… el libro me lo regalaste tú hace 5 años, desde ese momento lo abrí y comencé… Diría que 5 años leyéndolo.

BOTERO
Leyendo solo la primera página.

MARGARITA
Leyendo el libro, resulta que la primera página es la más importante.

BOTERO
¿Cómo sabes eso si no has leído más del libro?

MARGARITA
Justamente por eso, es la primera. Si ya con la primera no lo supero, imagínate el resto.

BOTERO
¿Quieres ir a la casa?

MARGARITA
¿Tú quieres?

BOTERO
Pues yo quiero.

MARGARITA
¿Y quieres dormir?

BOTERO
Quiero, ¿tu?

MARGARITA
¡ay!, no me jodas Pablo, tú sabes.

BOTERO
¿Qué cosa?

MARGARITA
Que me muero por ti.

MARGARITA
Pablo, pásame una toalla.

BOTERO
¡Mamacita!

MARGARITA
Pablo, ¡respétame!, estoy empelota, cierra,
cierra.

MARGARITA
Creo que tenemos que hablar.

BOTERO
¿De qué quieres hablar?

MARGARITA
¿No tienes nada de qué hablar?

BOTERO
Sí, de mucho, pero no sé con qué quieres
comenzar.

MARGARITA
Por algo sencillo.

BOTERO
Difícil, digo… escoger un tema sencillo.

MARGARITA
¿Por qué?

BOTERO
Contigo ningún tema puede ser sencillo.

MARGARITA
¡Tan bobo!

BOTERO
Pero es en serio. La complejidad también existe
en lo más simple.

MARGARITA
¿Cómo así?

BOTERO
Creo que en la vida las cosas más simples
terminan siendo las más complejas.

MARGARITA
Entiendo, ¡buen punto!

BOTERO
¿Entonces?

MARGARITA
¿Cómo está babas?

BOTERO
Bien, hablé con él ayer recién llegué, es un
bacán. Por ahí andaba medio triste por una
vieja con la que salió.

MARGARITA
¿Qué pasó?

BOTERO
Pues le salió como rara.

MARGARITA
Qué susto, ¿cómo así?

BOTERO
No, mentiras; pero está en un mundo diferente a
babitas.

MARGARITA
¿Es drogadicta?

BOTERO
¡Ajá!

MARGARITA
Pobre babas, siempre le salen unas viejas más
raras…

BOTERO
Tú no eras rara.

MARGARITA
Yo no he sido novia de babas.

BOTERO
No, pero si la hermana.

MARGARITA
Entonces sería al revés; el raro serías tú, ya
que tú sales conmigo.

MARGARITA
Imagínate…
Yo no podía creérmelo.

BOTERO
¿Y qué hiciste?

MARGARITA
Pues… pensé hacer de todo, llamar a los
bomberos, llamar a la policía, llamar a la
vecina, tirarme por una ventana.

BOTERO
Pero entonces, ¿qué hiciste?

MARGARITA
Tomé yo misma el extintor que estaba en el
pasillo.

BOTERO
¿Tú misma apagaste el incendio?

MARGARITA
Imagínate.

BOTERO
Mucha dura.

MARGARITA
Lo soy

BOTERO
Bueno, tampoco. Te estaba dando apoyo, porque
no creo que hayas necesitado un extintor y
tanto alboroto para apagar una pasta en llamas.

MARGARITA
Te lo juro, se iba a quemar todo el
apartamento.

BOTERO
¿Todo?

MARGARITA
Todo. Hasta yo.

BOTERO
Repito, mucha dura.

BOTERO
Este parque es divino.

MARGARITA
Sí, fue lo primero que conocí de Praga.

BOTERO
Empezaste bien.

MARGARITA
¿Y el trabajo?

BOTERO
Pues bien.

MARGARITA
¿Y?

BOTERO
De verdad, ¿quieres saber del trabajo?

MARGARITA
¿Y entonces?

BOTERO
Bien, difícil, la competencia creció hace como
un año, todo el mundo quiso montar lo mismo, ya
sabes lo que dicen.

MARGARITA
¿Qué cosa?

BOTERO
Que las ideas llegan, pero llegan a dos cabezas
al mismo tiempo.

MARGARITA
Bueno, que te copien la idea no quiere decir
que te quiten el negocio.

BOTERO
Si, supongo que no.

MARGARITA
O sea que estás aburrido.

BOTERO
Tostaditas con miel y huevos como te gustan…
¿Margarita?

MARGARITA
Casi no me despierto.

BOTERO
¿Te gusto?

MARGARITA
¡Siempre!

BOTERO
¿De verdad?

MARGARITA
Créeme, mucho más que los huevos y las
tostadas.

BOTERO
¿Y qué te pareció la sorpresa?

MARGARITA
¡Sorpresiva!

BOTERO
¿Te tomó por sorpresa?

MARGARITA
Un poco.

BOTERO
¿Cuánto te queda de los cursos?

MARGARITA
Ya casi termino, me falta solo entregar un
final.

BOTERO
¿Y qué has pensado después?

MARGARITA
¡Me quedo!
Tengo pensado hacer un tour por acá. Y hay como
propuestas de trabajo.

BOTERO
¿Has pensado en el matrimonio?

MARGARITA
Si.

BOTERO
¿Sigues pensado en no casarte conmigo?

MARGARITA
¡Si!

BOTERO
¡Duro!

MARGARITA
No lo tomes a mal, pero yo no podía vivir de
esa manera, digo… como me tocaba. Yo sabía que
podía salir adelante, acá lo puedo hacer.

BOTERO
Allá también.

MARGARITA
Es diferente, Pablo.

MARGARITA
La gente habla del amor, pero yo no se de
verdad a qué se refieren.

BOTERO
A un estado.

MARGARITA
A más que eso, porque permiten que su estado se
vuelva en su todo.

BOTERO
Ese sí que es un error.

MARGARITA
Pero el amor no es un error, su estado no es un
error, es su uso, su interpretación.

BOTERO
¿Tú me amas?

BOTERO
Este viaje me ha ayudado a confirmar muchas
cosas.

MARGARITA
¿Cuáles?

BOTERO
Sobre el amor, sobre salir adelante, sobre
experimentar, sobre la vida.
De vivir.

MARGARITA
Sobrevivir, querrás decir.

BOTERO
¿Por qué dices eso?

MARGARITA
Vivir en otro país no es como venir de
vacaciones, implica más cosas, y cuando de
verdad te das cuenta que no estás de
vacaciones, se vuelve una supervivencia.

BOTERO
¡Duro!

MARGARITA
Muy, pero te da una visión de la vida
diferente, de vivir, como dices.

BOTERO
No quiero vivir más en Colombia.

MARGARITA
Tienes todo en Colombia.

BOTERO
Tú también, y aun con eso vives feliz aquí.

MARGARITA
No tengo lo mismo que tú.

BOTERO
Lo tienes, solo que a veces prefieres no verlo.

MARGARITA
¿Qué quieres hacer entonces?

BOTERO
No sé, pensé en irme a Estados Unidos.

MARGARITA
¡Duro!

MARGARITA
Me encanta la nieve.

BOTERO
A mí también.

BOTERO
Te traje esto.

MARGARITA
Eres divino, no puedo parar de decírtelo.

BOTERO
¿Alguna vez pensaste ser otra persona?

MARGARITA
Si, creo que soy otra persona.

BOTERO
No lo creo así.

MARGARITA
Porque contigo es diferente.

BOTERO
¿Por qué?

MARGARITA
Tú me recuerdas mucho de lo que fui y me
gustaría seguir siendo, me recuerdas de lo que
soy capaz de sentir.

BOTERO
A mí me gustaría ser otra persona.

MARGARITA
¿En qué?

BOTERO
¡En todo! Volver a empezar.

MARGARITA
¿Conmigo?

MARGARITA
¿A qué horas sale el vuelo?

BOTERO
4:15

MARGARITA
Tienes como media hora.

BOTERO
¿Qué quieres hacer?

MARGARITA
¿Quieres leer conmigo Rayuela?

BOTERO
¿La primera pagina?

MARGARITA
Podemos llegar a la tercera.

BOTERO
Creo que es hora.

MARGARITA
¡Si!

BOTERO
Ve sacando el carro yo bajo las maletas y
cierro.

MARGARITA
No cierres.

.

MARGARITA
Baja las maletas, Pablo.

.

MARGARITA
¿Quieres comenzar de nuevo?

BOTERO
¿Cómo así?

MARGARITA
¿Una nueva vida?

.

MARGARITA
Quédate conmigo.

EPÍLOGO
Juan

El hombre se encontraba impaciente, sin nada qué escribir ni nada qué decir. El humo del cigarrillo entre su segundo y tercer dedo le llegaba justo a los ojos, generaba una resequedad incómoda que lo obligaba a frotarse. Se frotaba el párpado con fuerza, intentando limpiar con perfección la imperfección causada por el cigarrillo, por el lagrimeo del humo, y así frotándose con fuerza como si también llamara una idea, una idea perdida.

¿Estás ahí?, pensó el hombre, y no necesariamente se refería a él. Juan, ¿estás ahí?, pero no necesariamente se refería a él. En el interior del eco de ese susurro, en la mente de Juan, respondían las mil voces de sus personajes vividos y sin vivir, de esos textos inexistentes que guardaba en un archivador y que no lo dejaban vivir. Juan, ¿estás ahí?, y lo digitó en el teclado con letras mayúsculas. No hubo respuestas, ni en la pantalla del computador ni en su cabeza. No existían personajes en ese momento más que el otro que estaba atrás, atrás de esa pantalla que esperaba una respuesta. El cigarrillo pronto se desgastó en la espera, y dejó a un lado de Juan un pequeño morro de cenizas, lo limpió y continuó en su cabeza.

Perderte y ganarte, soñarte y vivirte, perturbarme y perturbarte, solo digitando, quisiera recordarte y quisiera escribirte, solo digitando, digitando, digitando, tin, tin, tin, mil veces, viviendo y muriendo, muriendo y escribiendo, digitando, tin, tin, tin… y así se consumió en su cabeza, por un momento se perdió y pasados dos segundos volvió a la realidad, su cabeza caía en la almohada, sus ojos se cerraron, la colilla del cigarrillo desapareció y el cuerpo del hombre continuó sentado frente a su computador.

Corre, vuela, canta, baila. Pronto estaré de vuelta, y la mujer tomó las sábanas, se escabulló, se escondió y soñó con Juan. La mujer, la femenina, la hermosa Florina.

Florina, de cabello pintado al rojo, ojos y labios casi al rosado. Ella parada, parada pensativa, con pensamientos lejanos y cercanos, ella sola, ella, Florina. Hola, Florina, y entró su empleada. Florina mira a su empleada, Glorita, y Glorita de cabello pintado al blanco, miró asustada a Florina. Algo pasa con Juan, ¿de qué hablas?. Volvió a escribir. Florina corrió tan rápido como pudo.

En Praga pronto vivirán Margarita y Pablo, Pablo Botero; pero por ahora, en ese piso pintado al negro, con integrantes más que Margarita y Pablo. Hoy Praga está en construcción y en ella hay mil habitantes, colaboradores de sueños; viven, pintan y martillean para después desaparecer y dejar vivir a Margarita y a Botero. Dejarlos vivir en la realidad, en la realidad de Juan que está entre los mil habitantes de esta ciudad.

Sí, estoy en la mente, pensé. En la mente de Juan, pero no necesariamente yo, en la mente de ese Juan que continúa recostado en la silla, con la almohada en la cabeza, esperando que Florina lo salve, ese mismo Juan que preguntó al otro, y el Juan del computador nunca respondió, ese mismo que sin saberlo, digita y penetra más en Praga, hoy vive Juan en Praga, hoy y hasta el viernes habrán mil habitantes en Praga, después…

Florina llega a la habitación, rápidamente tira a Juan al piso. Para Glorita, de pelo pintado al blanco, es una visión incómoda y grotesca sin decir una palabra. Pero a Florina no le importa ser brusca, y lleva a Juan al piso, le da respiración boca a boca y lo besa para ver si así despierta. Juan no reacciona, continúa en Praga. Él continúa esperando a Margarita y a Botero.

La ambulancia llega rápidamente, Juan tiene signos vitales estables, los paramédicos con sus conocimientos no saben qué decir. Tranquila, señora Baltaz, los médicos del hospital central ayudarán a su esposo. Florina miró asustada. ¿Pero qué le pasa a mi esposo?, el paramédico subió a Juan a la ambulancia, ayudó a subir a Florina. Está en trance. ¿Trance?, preguntó Florina. ¿Trance?, preguntó Juan en Praga. ¡Sí!, trance, usted dice que es escritor. Florina asintió. Está escribiendo, a muchos les pasa. Florina miró desconcertada al hombre que vestía uniforme de paramédico. El paramédico cerró las puertas de la ambulancia.

Glorita, la empleada de cabello blanco, se quedó esperando mientras la ambulancia se alejaba con un sonido escalofriante. Ella miraba atenta. Pensó: ¡Es su esposo!, y se alejó. Para Glorita no había explicación para lo que acaba de vivir. Ella sentía que Florina no había ayudado a su esposo, pero Florina estaba en trance. Tranquila, es el mismo trance que le da a todos los que escriben, y continuó mirando al paramédico.

Y para este fin, fin de este caluroso espacio, para esta conclusión, mientras hoy vivo en esa Praga habitada… habitada hasta el viernes, y desde ahí, habitada solo por Margarita y Pablo, Pablo Botero. Esa Praga inexistente, como ese texto, no queda más que la espera a ese otro Juan, a conocerlo, a vivirlo, a un Juan que aparece y desaparece, a este mismo Juan que hoy escribe.

JUAN SEBASTIÁN VALENCIA

Nace en Cali, Colombia, el 27 de febrero de 1985. Desde niño mostró interés por las artes, en compañía de amigos y familiares, a quienes los hizo parte de sus primeras creaciones. En su etapa colegial, Juan Sebastián realizó dos trabajos importantes para el inicio de su carrera profesional. El libro *Just a dream*, que reúne sus diarios por un período de 6 años, y la obra de teatro musical *Wish upon a star*, presentada bajo su dirección en las instalaciones del colegio Bilingüe Bennett en el que se graduó en 2003.

A los 18 años, Juan Sebastián comienza sus estudios de realización cinematográfica en la Escuela de Cine Black María, donde dirige *Tango*, su primer cortometraje. A los 20, trabajó en el largometraje *Martinis al atardecer*, como primer asistente de dirección.

Durante los 4 años siguientes, Juan Sebastián escribe *El revés de lo derecho*, libro iniciado una vez termina el colegio, y concluido al finalizar la carrera universitaria; exclusivo de Amazon para el kindle.

Finalizando la universidad, y después de realizar varios cortometrajes, Juan Sebastián escribe su ópera prima *Póker*, que dirige a sus 23 años bajo la producción de Mad Love Film Factory y estrenada en salas de cine de Colombia en el 2011, por United International Pictures.

Desde el 2008 hasta el 2011, escribe el libro de poesía-cuento, *Utopía el lugar de las palabras*, la obra de teatro, *Bancos hasta en el infierno*, el musical *Circus Show*, la serie de televisión *Jóvenes DC*, el largometraje *Tr3s*. Realiza el taller de escritores de la Universidad Central y da inicio a la escritura del libro *El eco de un susurro 1/2 silencioso*, del cual adapta el cortometraje *Praga*; uno de los cuentos del mismo.

Praga hace parte de una iniciativa para la distribución de cortometrajes. Fue seleccionado en el Short Film Corner del Festival de Cannes en el 2012; recibió mención de honor en el Festival de Cine de Santander y entró en la selección oficial del Festival de Cine de Bogotá e In Vitro Visual.

Para el 2012, con 27 años, Juan Sebastián. Concluye la escritura de su cuarto libro *El eco de un susurro 1/2 silencioso*; escribe el musical *Cali*, y adelanta la producción de los largometrajes *Tr3s* y *Circus show*.

Además dicta clases de puesta en escena en la Escuela de Cine Black María... Y sueña en contar más historias.

JUAN SEBASTIÁN VALENCIA

Créditos

Hugo Hernán Aparicio Reyes
Corrector

Zora Pitáková
Fotografía

Alejandra Rivas
Diseño de imagen

Ana María Valencia
Diseño grafico SFH

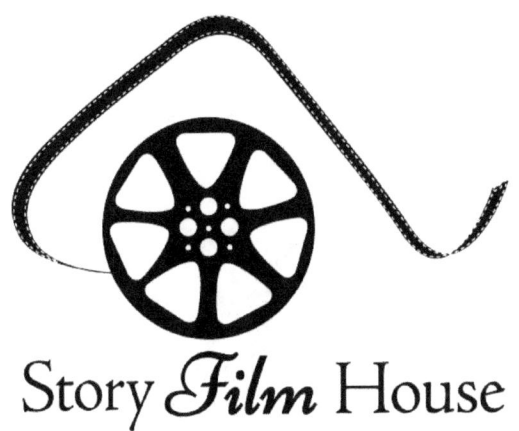

Story *Film* House

Los Angeles, USA (International Number)

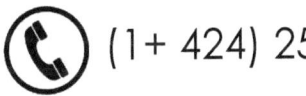 (1+ 424) 253 0441

Colombia

(57 + 301) 279 4409

(57+ 300) 7922013

WWW. STORYFILMHOUSE.COM

WWW.JUANSEBASTIANVALENCIA.COM

www.ingramcontent.com/pod-product-compliance
Lightning Source LLC
Chambersburg PA
CBHW052320220526
45472CB00001B/199

9789584615299